星ひとみの天星術
2024

太陽グループ

夕焼け

SUNSET

Star Eyes

HITOMI HOSHI

Happy Message

喜びやうれしい気持ちから“笑顔”になり
つらさや悲しみで“涙”が出る

心により惑わされ

心により揺れ動く

うまくいかない
思い通りに進まないと

人よりダメージを受けやすくなってしまう

怒り
憎しみ
悲しみ
負のエネルギーに支配され、偏りすぎたり
“感情”に支配されすぎないように

少しでいい、自分を許し
少しでいい、負の感情を手放してみる

自分のことでいっぱいになると
大切なことも見えなくなる

あなたのお部屋を見渡すと
心の状態が表れる

乱れているなら整理して
キレイなら、さらに居心地がよくなるように

過ぎた昨日や過去よりも
今この瞬間の今日と
明日からの未来に

あなたの心には光がある
あなたはもっと自分を信じてみて

今日も"大丈夫"

PROLOGUE

★ はじめに ★

皆様こんにちは、星ひとみです。

『星ひとみの天星術2024』を手にしていただき
またお会いできたことをうれしく思います。

この時代に皆様と出会い
天星術を通じ、つながることができた今に
心から感謝いたします。

この1年があっという間に過ぎたように感じた方も
逆に長かったなと感じた方もいるでしょう。

人生を満喫するために、生きるために。

笑ったり、怒ったり
挑戦したり、悩んだり。

なぜ自分だけがこのような目に遭うのかと
ときに苦しみ、前に進めなかった人も——。

心、生き方、歩む道のり。
人生に決めつけはなく
災いは回避し
苦しみは手放すことができる——。
私はそう信じています。
そして
あなたを照らす“光”はちゃんとある。

昨年に続き今年も、少しでも皆様の支えとなれるように
長い時間をかけて仕上げさせていただきました。

私のオリジナル鑑定法の「天星術」にも
生命の“光”が宿り
毎年少しずつ、ゆっくりと成長し、時代に合わせ、
私たちと一緒に動いています。

自分はダメだと決めつける必要はなく、
“影”や“リセット”の月でも、怖がる必要はありません。

自分の運命、
自分のリズム。

そして“光と影”。

あなたの今がどんな流れ《リズム》なのかを読みとり
一緒に進んでいきましょう。
私たちは生まれた瞬間に、星と光のエネルギーを受けて
それぞれの流れ《リズム》を授かります。

エネルギーは、月、地球、太陽の3つの天室に分かれ
「天星術」では、1つの天室を、さらに4つの天星に分けて見ています。

月グループは、満月、上弦の月、下弦の月、新月。
地球グループは、空、山脈、大陸、海。
太陽グループは、朝日、真昼、夕焼け、深夜。

PROLOGUE

天星には、それぞれナンバーがあり、あなたの星を知ることができます。
また、あなたの生まれた年で、運気が「赤」と「白」に分かれ、
2024年は、さらに深く運気を知ることができます。

中身を少し具体的に紹介しますと、
まずは、あなたの性格についての最新版トリセツ。
開運キーワード、12天星別の相性をお伝えするページから始まります。

次に、1年間という大きな視点で捉えた、2024年の運気や、
グラフで示した運気バイオリズム、
月ごとの開運メッセージと開運行動、天星ナンバー別の「赤」と「白」に分かれたお言葉、
さらに運気を、1日1日という点で捉えた毎日のメッセージがあります。

特に、全部で12ある天星をさらに細かく見て、
今年、今月のあなたがどんなリズムをもっているのか、
皆様の天星ナンバーの「赤」と「白」別に占っておりますので、
【2024年 天星ナンバー別の運気】【天星ナンバー別 今月のお言葉】に、
注目してみてください。

このように、あらゆる角度から運気を読むことで、
「今がどんな時期か——光なのか影なのか」「どんなことをすると幸せを感じられるか」
また「どんなことに気をつけたら不運を回避できるか」を分析することができます。

どこを読んでも、人生の“今”のヒントとなる言葉に出会えますように。

後半ページでは、「他の天星のプロフィール」も載せています。
自分を知り、相手を理解できたとき、素晴らしい関係となれるように
家族、お友達、仕事仲間、そして気になる人との付き合い方の参考にしてください。
まずは難しく考えず、肩の力を抜いてみましょう。

誰もが幸せになるチャンスがあります。
決して諦めなくていい。

あなたが幸せになるための
“キッカケ”となれたなら幸いです。

12天星別『星ひとみの天星術2024』
今日からあなたのお守りに。

皆様の1年が幸運の光につつまれますように。

自分を知り
今のリズムを知る
あなたの心に光を

天のエネルギー
星のエネルギーを“贈り”ます。

“あなたは大丈夫”

星ひとみ

CONTENTS

ASTROLOGY

天星術について

★ ★ ★

「天星術」は、中国に古くから伝わる東洋占星術をベースに、
さまざまな統計学や人間科学、心理的要素などを取り入れて作り上げた、
星ひとみによるオリジナル鑑定方法です。
時代とともに変化する“今”に合わせ、
進化させるべく研究を続けてきました。
生まれた日のエネルギーが、
月、地球、太陽のどのエネルギーの影響を受けているのか。
みなさんのエネルギーは、3つの天室に分かれ、
さらに4つの時星に導かれ、12の天星タイプとなっていきます。
「天星術」で読み解いていくことで、
過去にどんなことがあったのか、現在はどんな状況か、
そして未来がどうなっていくのかがわかります。
ただし大切なのは、**「天星術」は決して決めつけではない占術**である、ということ。
道がないことがわかれば、創ればいい。
壁にぶつかってしまうとわかれば、回避すればいい。
また、「天星術」は光と影、そのどちらも内包するもの。
光として出たのか、影として出たのか、
それを読みとれれば、自ら変えていくことができます。
失敗と感じても、
それは**未来に訪れる成功のために必要な失敗だった**、ということも。

未来をよりよくするために、占いをどう捉えて、どう動くのか。
あなたの心のもち方によって好転させることができる、
それが「天星術」です。

・天星術・
GROUP

月グループ

- 満月
- 上弦の月
- 下弦の月
- 新月

地球グループ

- 空
- 山脈
- 大陸
- 海

太陽グループ

- 朝日
- 真昼
- 夕焼け
- 深夜

HOW TO

あなたの天星の見つけかた

★★★

1 P.015から始まる **生年月表** を見て、
あなたの生まれた年と月が交わる数字を
探してください。

↓

2 その数字に、生まれた日の数字を足してください。
その数字があなたの **天星ナンバー** です。

※合計した数字が61以上になる場合は、その数字から60を引いたものが
天星ナンバーになります。

↓

3 P.014の **天星ナンバー対応表** を参照して、
天星を見つけてください。

↓

4 生まれ年(西暦)の下ひとけたが
偶数か奇数かを見て、赤か白かを確認します。

例 **1995年4月20日生まれの場合**

[生年月表]で1995年と4月が交わる数字は「58」。
「58」に生まれた日の「20」を足して「78」。
61以上になるので、60を引くと「18」。
[天星ナンバー対応表]を参照すると、「18」の天星は「夕焼け」。
生まれ年(西暦)の下ひとけたが奇数なので、「白」。

こちらでも！

CHECK!
あなたの天星は？

★★★

…… LINK **1**

生まれた年 ＿＿＿＿ 年と
生まれた月 ＿＿＿＿ 月が
生年月表 で交わる数字 ◯

…… LINK **2**

天星ナンバー

❶で出した数字 □ ＋ 生まれた日の数字 □ ＝ ☆

61以上の場合は、60を引いて

…… LINK **3**

天星ナンバー対応表 によると
あなたの天星は（　　）の☆

例えば　「夕焼け」　の　「18」

…… LINK **4**

生まれ年の下ひとけたが
偶数 …→ 赤
奇数 …→ 白
⬡

あなたは（　　）の☆の⬡です。

例えば　「夕焼け」　の　「18」　の　「白」

★ 天星ナンバー対応表 ★

天星ナンバーも覚えておこう!

月グループ MOON	満月	4　10　33　39　45
	上弦の月	11　17　32　38
	下弦の月	2　3　8　41　47
	新月	14　20　23　26　29　36
地球グループ EARTH	空	6　43　49　54　55　60
	山脈	9　15　16　34　40　46
	大陸	1　5　50　53　56　59
	海	51　52　57　58
太陽グループ SUN	朝日	21　22　27　28
	真昼	7　42　44　48
	夕焼け	12　18　31　37
	深夜	13　19　24　25　30　35

★ 生年月表 ★

生まれ年	和暦	干支	1月	2月	3月	4月	5月	6月	7月	8月	9月	10月	11月	12月
1920	T9	申	54	25	54	25	55	26	56	27	58	28	59	29
1921	T10	酉	0	31	59	30	0	31	1	32	3	33	4	34
1922	T11	戌	5	36	4	35	5	36	6	37	8	38	9	39
1923	T12	亥	10	41	9	40	10	41	11	42	13	43	14	44
1924	T13	子	15	46	15	46	16	47	17	48	19	49	20	50
1925	T14	丑	21	52	20	51	21	52	22	53	24	54	25	55
1926	T15/S1	寅	26	57	25	56	26	57	27	58	29	59	30	0
1927	S2	卯	31	2	30	1	31	2	32	3	34	4	35	5

★生年月表★

生まれ年	和暦	干支	1月	2月	3月	4月	5月	6月	7月	8月	9月	10月	11月	12月
1928	S3	辰	36	7	36	7	37	8	38	9	40	10	41	11
1929	S4	巳	42	13	41	12	42	13	43	14	45	15	46	16
1930	S5	午	47	18	46	17	47	18	48	19	50	20	51	21
1931	S6	未	52	23	51	22	52	23	53	24	55	25	56	26
1932	S7	申	57	28	57	28	58	29	59	30	1	31	2	32
1933	S8	酉	3	34	2	33	3	34	4	35	6	36	7	37
1934	S9	戌	8	39	7	38	8	39	9	40	11	41	12	42
1935	S10	亥	13	44	12	43	13	44	14	45	16	46	17	47
1936	S11	子	18	49	18	49	19	50	20	51	22	52	23	53
1937	S12	丑	24	55	23	54	24	55	25	56	27	57	28	58

★ 生年月表 ★

生まれ年	和暦	干支	1月	2月	3月	4月	5月	6月	7月	8月	9月	10月	11月	12月
1938	S13	寅	29	0	28	59	29	0	30	1	32	2	33	3
1939	S14	卯	34	5	33	4	34	5	35	6	37	7	38	8
1940	S15	辰	39	10	39	10	40	11	41	12	43	13	44	14
1941	S16	巳	45	16	44	15	45	16	46	17	48	18	49	19
1942	S17	午	50	21	49	20	50	21	51	22	53	23	54	24
1943	S18	未	55	26	54	25	55	26	56	27	58	28	59	29
1944	S19	申	0	31	0	31	1	32	2	33	4	34	5	35
1945	S20	酉	6	37	5	36	6	37	7	38	9	39	10	40
1946	S21	戌	11	42	10	41	11	42	12	43	14	44	15	45
1947	S22	亥	16	47	15	46	16	47	17	48	19	49	20	50

★ 生年月表 ★

生まれ年	和暦	干支	1月	2月	3月	4月	5月	6月	7月	8月	9月	10月	11月	12月
1948	S23	子	21	52	21	52	22	53	23	54	25	55	26	56
1949	S24	丑	27	58	26	57	27	58	28	59	30	0	31	1
1950	S25	寅	32	3	31	2	32	3	33	4	35	5	36	6
1951	S26	卯	37	8	36	7	37	8	38	9	40	10	41	11
1952	S27	辰	42	13	42	13	43	14	44	15	46	16	47	17
1953	S28	巳	48	19	47	18	48	19	49	20	51	21	52	22
1954	S29	午	53	24	52	23	53	24	54	25	56	26	57	27
1955	S30	未	58	29	57	28	58	29	59	30	1	31	2	32
1956	S31	申	3	34	3	34	4	35	5	36	7	37	8	38
1957	S32	酉	9	40	8	39	9	40	10	41	12	42	13	43

★ 生年月表 ★

生まれ年	和暦	干支	1月	2月	3月	4月	5月	6月	7月	8月	9月	10月	11月	12月
1958	S33	戌	14	45	13	44	14	45	15	46	17	47	18	48
1959	S34	亥	19	50	18	49	19	50	20	51	22	52	23	53
1960	S35	子	24	55	24	55	25	56	26	57	28	58	29	59
1961	S36	丑	30	1	29	0	30	1	31	2	33	3	34	4
1962	S37	寅	35	6	34	5	35	6	36	7	38	8	39	9
1963	S38	卯	40	11	39	10	40	11	41	12	43	13	44	14
1964	S39	辰	45	16	45	16	46	17	47	18	49	19	50	20
1965	S40	巳	51	22	50	21	51	22	52	23	54	24	55	25
1966	S41	午	56	27	55	26	56	27	57	28	59	29	0	30
1967	S42	未	1	32	0	31	1	32	2	33	4	34	5	35

★ 生年月表 ★

生まれ年	和暦	干支	1月	2月	3月	4月	5月	6月	7月	8月	9月	10月	11月	12月
1968	S43	申	6	37	6	37	7	38	8	39	10	40	11	41
1969	S44	酉	12	43	11	42	12	43	13	44	15	45	16	46
1970	S45	戌	17	48	16	47	17	48	18	49	20	50	21	51
1971	S46	亥	22	53	21	52	22	53	23	54	25	55	26	56
1972	S47	子	27	58	27	58	28	59	29	0	31	1	32	2
1973	S48	丑	33	4	32	3	33	4	34	5	36	6	37	7
1974	S49	寅	38	9	37	8	38	9	39	10	41	11	42	12
1975	S50	卯	43	14	42	13	43	14	44	15	46	16	47	17
1976	S51	辰	48	19	48	19	49	20	50	21	52	22	53	23
1977	S52	巳	54	25	53	24	54	25	55	26	57	27	58	28

★ 生年月表 ★

生まれ年	和暦	干支	1月	2月	3月	4月	5月	6月	7月	8月	9月	10月	11月	12月
1978	S53	午	59	30	58	29	59	30	0	31	2	32	3	33
1979	S54	未	4	35	3	34	4	35	5	36	7	37	8	38
1980	S55	申	9	40	9	40	10	41	11	42	13	43	14	44
1981	S56	酉	15	46	14	45	15	46	16	47	18	48	19	49
1982	S57	戌	20	51	19	50	20	51	21	52	23	53	24	54
1983	S58	亥	25	56	24	55	25	56	26	57	28	58	29	59
1984	S59	子	30	1	30	1	31	2	32	3	34	4	35	5
1985	S60	丑	36	7	35	6	36	7	37	8	39	9	40	10
1986	S61	寅	41	12	40	11	41	12	42	13	44	14	45	15
1987	S62	卯	46	17	45	16	46	17	47	18	49	19	50	20

★ 生年月表 ★

生まれ年	和暦	干支	1月	2月	3月	4月	5月	6月	7月	8月	9月	10月	11月	12月
1988	S63	辰	51	22	51	22	52	23	53	24	55	25	56	26
1989	S64/H1	巳	57	28	56	27	57	28	58	29	0	30	1	31
1990	H2	午	2	33	1	32	2	33	3	34	5	35	6	36
1991	H3	未	7	38	6	37	7	38	8	39	10	40	11	41
1992	H4	申	12	43	12	43	13	44	14	45	16	46	17	47
1993	H5	酉	18	49	17	48	18	49	19	50	21	51	22	52
1994	H6	戌	23	54	22	53	23	54	24	55	26	56	27	57
1995	H7	亥	28	59	27	58	28	59	29	0	31	1	32	2
1996	H8	子	33	4	33	4	34	5	35	6	37	7	38	8
1997	H9	丑	39	10	38	9	39	10	40	11	42	12	43	13

★ 生年月表 ★

生まれ年	和暦	干支	1月	2月	3月	4月	5月	6月	7月	8月	9月	10月	11月	12月
1998	H10	寅	44	15	43	14	44	15	45	16	47	17	48	18
1999	H11	卯	49	20	48	19	49	20	50	21	52	22	53	23
2000	H12	辰	54	25	54	25	55	26	56	27	58	28	59	29
2001	H13	巳	0	31	59	30	0	31	1	32	3	33	4	34
2002	H14	午	5	36	4	35	5	36	6	37	8	38	9	39
2003	H15	未	10	41	9	40	10	41	11	42	13	43	14	44
2004	H16	申	15	46	15	46	16	47	17	48	19	49	20	50
2005	H17	酉	21	52	20	51	21	52	22	53	24	54	25	55
2006	H18	戌	26	57	25	56	26	57	27	58	29	59	30	0
2007	H19	亥	31	2	30	1	31	2	32	3	34	4	35	5

★ 生年月表 ★

生まれ年	和暦	干支	1月	2月	3月	4月	5月	6月	7月	8月	9月	10月	11月	12月
2008	H20	子	36	7	36	7	37	8	38	9	40	10	41	11
2009	H21	丑	42	13	41	12	42	13	43	14	45	15	46	16
2010	H22	寅	47	18	46	17	47	18	48	19	50	20	51	21
2011	H23	卯	52	23	51	22	52	23	53	24	55	25	56	26
2012	H24	辰	57	28	57	28	58	29	59	30	1	31	2	32
2013	H25	巳	3	34	2	33	3	34	4	35	6	36	7	37
2014	H26	午	8	39	7	38	8	39	9	40	11	41	12	42
2015	H27	未	13	44	12	43	13	44	14	45	16	46	17	47
2016	H28	申	18	49	18	49	19	50	20	51	22	52	23	53
2017	H29	酉	24	55	23	54	24	55	25	56	27	57	28	58

★ 生年月表 ★

生まれ年	和暦	干支	1月	2月	3月	4月	5月	6月	7月	8月	9月	10月	11月	12月
2018	H30	戌	29	0	28	59	29	0	30	1	32	2	33	3
2019	H31/R1	亥	34	5	33	4	34	5	35	6	37	7	38	8
2020	R2	子	39	10	39	10	40	11	41	12	43	13	44	14
2021	R3	丑	45	16	44	15	45	16	46	17	48	18	49	19
2022	R4	寅	50	21	49	20	50	21	51	22	53	23	54	24
2023	R5	卯	55	26	54	25	55	26	56	27	58	28	59	29
2024	R6	辰	0	31	0	31	1	32	2	33	4	34	5	35

SUNSET

夕焼け
プロフィール

あなたの性格に迫るとともに、
2024年の運気や開運色、
相性などもお伝えします。

Sunset Profile

LIGHT

- □ 目標が決まれば猪突猛進する
- □ マイペースで陰の努力家
- □ 抜け目がなく、要領のいい理論派
- □ おっとり見えても、頑固な自信家

決断する月、努力が報われる月、吉凶混ざり引きが強い月にこの傾向が表れます

夕焼けの
光と影

各天星タイプには、もともともっている性質があります。普段、表に出ているのが「光」の性質です。ただ、運気バイオリズムが崩れると「影」の性質が出てきます。

SHADOW

- □ 些細なことが気になってしまう
- □ 自分が正しいと信じ意見を聞かない
- □ 過去に引きずられて今が見えていない
- □ 近寄りがたいオーラを出すことも

運気が低迷する月、八方塞がりになりやすい月、リセットの月にこの傾向が表れます

運気バイオリズム（P.034）が（光）と（影）のときに、上記のような性質がそれぞれ出てきます。

★ 夕焼け ★

悠然としている頑張り屋さん

基本性格

強い信念をもち、一度目標を決めると秘めたパワーで突き進み、頑張る姿を人に見せたがらない、コツコツマイペースな陰の努力家です。壁があるように見えますが、意外と単純。要領がよく、根拠のない自信をもち合わせています。思考は論理的。実は打たれ弱く、少し短気な面も。好き嫌いがわかりやすい人です。

夕焼けのトリセツ

⬆好きなこと・喜ぶこと

・包容力のある人に包まれる　・得意なことをほめられる
・過去の栄光への称賛　・自分を好きな仲間といる
・刺激を得ること　・マッサージ

⬇嫌がること・ストレスになること

・バカにされること　・高圧的な態度や発言
・自分を否定する人　・不安にさせる言葉
・パーソナルスペースに入られること　・ダメ出し

2024年の開運のカギ

やるといいこと	家の中を整理し居心地のよい空間に
気をつけるべきこと	連絡は即レスを心がけ、溜めない

2024年の開運相性

恋愛運を上げる天星	仕事運をのばす天星	金運をのばす天星
夕焼け × 大陸	夕焼け × 新月	夕焼け × 満月

基本の開運色
桜色

2024年の開運色
紫

2024年の開運アイテム
お香

2024年の開運スポット
懐かしさを感じる場所

天星タイプ別 基本の相性

夕焼け × 満月	★★★☆☆	夕焼け × 大陸	★★★★☆
夕焼け × 上弦の月	★★☆☆☆	夕焼け × 海	★★★★☆
夕焼け × 下弦の月	★★★☆☆	夕焼け × 朝日	★★☆☆☆
夕焼け × 新月	★☆☆☆☆	夕焼け × 真昼	★★☆☆☆
夕焼け × 空	★★☆☆☆	夕焼け × 夕焼け	★★★★☆
夕焼け × 山脈	★★★★☆	夕焼け × 深夜	★★★★★

夕焼け

天星ナンバー 12

柔らかな物腰だけどテキパキした理論家

純粋で正義感が強い性格。「この人」と決めたら、あたたかな愛情をまっすぐに注ぎます。少し怖がりでビビリな面もありますが、周りに合わせることもでき、実は目立ちたがりでお調子者。興味がないことにはすぐに飽きてしまうので、相手の話をしっかり聞くことが大切です。

こんな星が入ってる

★ おだてにのりやすい星

★ 気にしいの星

★ 絶対負けたくない星

天星ナンバー 18

マイペースで個性的な陰の努力家

個性的でマイペースな人。我が道を行く姿は、周りから「少し変わっている」と思われることも。努力できる才能と根性はあるものの、少し飽きっぽい一面があります。陰でコツコツ頑張るタイプですが、周りの人に努力している姿を見せてみると信頼度がアップ。

こんな星が入ってる

★ マイペースの星

★ 実はSっ気が強い星

★ 努力と根性の星

天星ナンバー別の性格

天星ナンバー
31

トップに立つと実力を発揮する皆のリーダー

面倒くさがりの一面をもつ現実主義者。「自分が絶対」と思っていますが、根本的には人に尽くせる献身的な性格の持ち主です。トップに立つと「みんなのために」と一生懸命努力することができます。夢やロマンを抱いてみると、より魅力が輝くでしょう。

こんな星が入ってる

- ★ 少し強引の星
- ★ 実は変態の星
- ★ 支配欲が強い星

天星ナンバー
37

「なんとかなる」で突き進むパワーが魅力

根拠のない自信を原動力に、どんなことにも全力で取り組めるパワフルな人。外からはわかりませんが、プライドが高く頑固な一面もあるので、自分のルールを否定されることは苦手。仲間意識が強いのも特徴で、周りを思いやって行動することができます。

こんな星が入ってる

- ★「なんとかなる」と思っている星
- ★ 損得勘定の星
- ★ 威風堂々のオーラを放つ星

CHARACTER

SUNSET

YEARLY FORTUNE

2024年
夕焼けの運勢

THEME

“流れに逆らわず身を委ねたい年”

総合運

TOTAL

運気が乱れやすい年。思い通りに進みにくく、不満に感じることもありそうですが、無理やり状況を変えようとするとよくない結果を招くので、なるべく柔軟に、誠心誠意対応を。流れに身を任せてみると、そこから学べることがあるでしょう。また、2024年は人間関係もスムーズにいかない場面が増えそうです。人に依存したり、相手を一方的に責めずに自分の悪い点は反省し、相手の思いを聞くことで運気は安定していきます。

恋愛運

LOVE

2024年の恋愛は、空回りが増えてしまいそうです。気になる人ができたりデートの誘いがあっても、時間をかけて相手を知っていくことを大切にし、すぐに決めつけないようにしましょう。パートナーがいる人は、今ある幸せを自分で壊してしまわないように注意。結婚はしばらく様子を見ましょう。

仕事運&金運

WORK&MONEY

2024年は、攻めよりも守りの姿勢が大切です。十分な下調べをし、やるべきことを着実にクリアしていきましょう。よそ見をしたり焦ったりすると、トラブルの原因に。何事も落ち着いて、慎重に進めて。金銭面は、支払いプランの見直しを。副業よりメインを頑張って。

2024年の運気バイオリズム

努力が報われる月
- 変化がある
- 力を発揮できる
- 夢が膨らむ

誘惑が多い月
- 調子にのりがち
- 足腰を温める
- 決断はNG

再挑戦できる月
- 縁ある人と再会
- チャンス到来
- 経験を活かせるとき

吉凶混ざり引きが強い月
- 自信をもって行動
- プチセレブ感
- 注目が集まる

振り返ってみる月
- 楽しんでみる
- 穏やかな雰囲気
- 最後の決断

運気が低迷する月
- 健康面に影が
- 頑固はNG
- 流れに身を委ねる

八方塞がりになりやすい月
- 謙虚さを大事に
- 決めつけない
- じっくり煮詰める

2023年 秋 ／ 2024年 冬 ／ 春

（光）と（影）のときは、P.027のような性質がそれぞれ出てきます。

リセットの月
- 判断ミス
- 縁が切れる
- 爆発しやすい

新スタートの月
- 新発見
- チャレンジする
- 直感が戻る

物事を見直す月
- 体調を崩しやすい
- 準備の時期
- 少し休憩

決断する月
- 直感に従う
- 人生が変わる
- 軸を定める

メンテナンスの月
- 体調管理を第一に
- メンタルダウンに注意
- 癒しを大切にする

努力が報われる月
- 変化がある
- 力を発揮できる
- 夢が膨らむ

誘惑が多い月
- 調子にのりがち
- 足腰を温める
- 決断はNG

夏　秋　冬

夕焼け　2024年

赤（偶数年生まれ）

12　18

過去の自分から解放され、あなたにエネルギーが入ります。2024年は気づきが多い年。諦めない心とチャレンジ精神を高めて自信をもってスタートを。紹介運も高まり、人が自然と集まってくる運気です。

決断運	★★★★☆
人間関係	★★★★★
健康運	★★★☆☆
金運	★★★★☆

＼あなただけの／
光の月 2月、5月／影の月 7月、8月

RED

31　37

謙虚な気持ちを大切にしたい年。なるべく焦らず控えめに。頑固にならず、人の意見やアドバイスに耳を傾けることが大切です。勉強や運動を始めるなど、将来のための種を蒔くのにもいい運気。健康管理もしっかりと。

決断運	☆☆☆☆☆
人間関係	★★★☆☆
健康運	☆☆☆☆☆
金運	★★★☆☆

＼あなただけの／
光の月 1月、10月／影の月 3月、4月

天星ナンバー別の運気

白（奇数年生まれ）

WHITE

12 18

流されすぎず、自分をしっかり保つことが大切な年。人からの誘いも増え、自分に自信をもてる一方で、あれもこれもと気移りし、何を選んでいいかわからなくなるかも。情熱を注げるかを基準に、自分の可能性を伸ばしてみて。

決断運	★★☆☆☆
人間関係	★★☆☆☆
健康運	★★☆☆☆
金運	★★★☆☆

＼あなただけの／
光の月 3月、6月／**影の月** 8月、9月

31 37

好調だった2023年と異なり、思いがけない障害に阻まれるなど、モヤがかかりそう。人間関係も注意が必要ですが、見返りを求めず、奉仕の気持ちをもって接することでトラブルを回避できるでしょう。

決断運	★☆☆☆☆
人間関係	☆☆☆☆☆
健康運	★☆☆☆☆
金運	★★☆☆☆

＼あなただけの／
光の月 2月、11月／**影の月** 4月、5月

2023 11 November 努力が報われる月

今月の開運メッセージ

周囲からの信頼を実感しやすい月。自分の利益より誰かの笑顔を大切にするとよいでしょう。人に伝えていない能力や特技があればアピールを。ここは謙遜せず胸を張りましょう。また今月は買い物運がアップします。欲しかったものが値引きされていたり探していたものが見つかる可能性が高くお得にGETできそう。本当にお金をかけるべきところには惜しまないで。

今月の開運行動

1. 無理して周りの人に合わせず自分らしく振るまう
2. 身だしなみだけでなくおしゃれを意識する
3. 自分が“好き”と思えるものを増やす

天星ナンバー別
今月のお言葉

あなたの
天星ナンバー
をチェック！

RED

WHITE

赤
（偶数年生まれ）

12 18

ときには肩の力を抜き、周りに甘えることも大切。結果を急ぐより、1日1つでも小さな挑戦をすると成功の種に。出会い運もあり！

31 37

誘惑にのらず、目の前のことだけに集中して。おいしい話は自分で判断しないこと。飲み会での暴飲暴食にも注意！

白
（奇数年生まれ）

12 18

自分にとっての幸せや喜び、成功のイメージを具体的に思い描くと新たな発見があるかも。難しく考えず思い立ったらまずは行動を。

31 37

頑張りが評価され、一気に注目を浴びそう。この機会に好きなことや楽しいことを増やしましょう。自信をもって行動してみて。

2023 12 December 誘惑が多い月

今月の開運メッセージ

体の内側からキレイをめざしたい月です。栄養のある食事を摂り、睡眠の質を高め、適度に体を動かして。健康的な生活を送るほか、美容に力を入れるのもおすすめ。スキンケアやヘアケアは念入りにしましょう。自分に似合うメイクやファッションを研究するのも◎。一方で、今月は甘い言葉で言い寄られることが増える運気なので、行動は慎重に。

今月の開運行動

1. 周りの人や今ある環境に感謝する
2. トレーニングや軽いストレッチを始める
3. 自分の気持ちに素直になって行動する

天星ナンバー別 今月のお言葉

あなたの天星ナンバーをチェック!

RED WHITE

赤（偶数年生まれ）

白（奇数年生まれ）

12 18

赤：集中力が高まる年末は、勉強を始めるのにぴったりの時期。ダイエットや習い事を始めるのにも最適なので、目標を立てると成功へ。

白：寒さで体がこわばっているかも。肩や腰のストレッチをして体をほぐしましょう。出会い運もあるので、交流の場を広げてみて。

31 37

赤：オン・オフのメリハリをつけ、家族や大切な人と過ごす時間を増やしてみて。過去に縁があった人に助けられることも。幸せは必ず見つけられます。

白：大掃除は早めに取りかかり、体のケアもしっかりと。今ある幸せを見失わないように。大切な人には恩返しを。

2024 1 January 再挑戦できる月

今月の開運メッセージ

生活習慣を見直すことが、運気アップにつながります。飲酒や夜ふかしなど、健康に悪い習慣は改善を。逆に筋トレや早起きなど、いい習慣は積極的に取り入れて。過去に挫折したことでも、今月始めれば続けられそうです。また余裕があれば寄附や町の掃除、困っている人を助けたり、人の幸せを心から願い、誰かの笑顔につながることをしてみて。

今月の開運行動

1. データのバックアップはこまめにとっておく
2. 昔よく訪れた場所へ行ってみる
3. 見返りは求めない

天星ナンバー別
今月のお言葉

あなたの
天星ナンバー
をチェック!

RED

WHITE

赤
（偶数年生まれ）

白
（奇数年生まれ）

12 18

赤：時間と心の余裕が今月のテーマ。新年は好きな人とゆったり過ごして。アロマなど優しい香りも吉。ケガをしやすいので落ち着いて行動を。

白：プライベートの充実がツキを呼び込むエッセンスに。やりたいことを書き出してみて。内面磨きに力を入れると魅力がアップします。

31 37

赤：ワンランクアップがテーマの月。自分を高めるために投資したり、日用品を少しよいものに変えるのも◎。幸運を分かち合うと上昇気流に。

白：親孝行やご先祖様の供養がテーマの月。過去の縁に感謝することで、トラブルも乗り越えられるエネルギーに。開運のカギはあなたの笑顔。

2024 2 February
吉凶混ざり引きが強い月

今月の開運メッセージ

知的好奇心が高まり、多くのことを吸収できるとき。資格の取得やスキルアップのための勉強をするのにぴったりです。もともと努力家のあなたなら、結果を出すのも早いはず。具体的な目標を設定しなくても、興味のある分野の本を読んで、ワクワクを増やすといいでしょう。今月学んだことは、あなたの視野を広げ、豊かな人生を送る糧になってくれそうです。

今月の開運行動

1. 開運アイテムを使いこなす
2. 教養を深め マナーを身につける
3. 視野を広げて物事を見る

天星ナンバー別
今月のお言葉

あなたの天星ナンバーをチェック!

RED　WHITE

赤
（偶数年生まれ）

白
（奇数年生まれ）

12・18

赤：キャリアの節目。起業や転職運も高めです。人脈をフル活用して動くといい月。攻めの姿勢が良縁を呼び込みます。プチ贅沢も吉。

白：自分のペースを大事にしたいとき。人に気を遣いすぎて疲れるくらいなら、あなたにとっての幸せを第一にして。音楽や香りが癒しに。

31・37

赤：日常の中のワクワクを探してみましょう。面倒に思うことも楽しみながら取り組むと運もアップ。重要なことを早めに着手すれば吉月に。

白：金運に恵まれますが、使いすぎてしまうなど、よいことも悪いことも引き寄せやすいとき。何事も謙虚に受け止めることで運を味方に！

2024 3 March 振り返ってみる月

今月の開運メッセージ

今月は穏やかに過ごせそうです。プレッシャーから解放され、肩の荷が下りることもあるでしょう。常に全速力で走っていたら身がもたないもの。ときにはペースをゆるめ、これまでの道のりを振り返ることも大切です。ストレスは上手に解消し、なるべくリラックスできる空間に身を置きましょう。湯船につかったり、落ち着く音楽を聴くのもよさそうです。

今月の開運行動

1. 行きつけのお店を作る
2. うれしかったことをメモする習慣をつける
3. 愚痴や悪口は言わない、聞かない

天星ナンバー別
今月のお言葉

あなたの
天星ナンバー
をチェック!

RED WHITE

赤
（偶数年生まれ）

白
（奇数年生まれ）

12 18

赤：他に目移りしても、それは一時的なもの。目の前のものや人に集中することが幸運のカギに。足腰を温めることで、ケガや不調も回避。

白：あなたを高めてくれる人との縁に恵まれ、夢が膨らみそう。今までの努力が報われます。頑張ったご褒美はいつもより贅沢に。自分に投資も◎。

31 37

赤：予想外のことがある予感。どんなことも「いい経験！」と柔軟に受け止め、考えすぎないよう。太りやすい時期なので食生活には気をつけて。

白：身の回りを見つめ直したい時期に入ります。今ある幸せに目を向けてみて。小さな喜びが大きな力に。月末はペースダウンが運気安定のコツ。

2024 4 April 運気が低迷する月

今月の開運メッセージ

運気は下り坂。思い通りにいかないことが出てくるかもしれません。とはいえ、焦りは禁物です。客観的に状況を見て、冷静に対応しましょう。今月は自分の考えを通そうとすると意固地になりやすいので、周りに合わせるよう心がけて。人の話をよく聞き、アドバイスには素直に従うといいでしょう。油断すると体調を崩しやすいときなので、健康管理はしっかりと。

今月の開運行動

1. こだわりを捨てて新しい考え方を身につける
2. 周囲に感謝し言葉で伝える
3. 普段よりも丁寧に掃除をする

天星ナンバー別
今月のお言葉

あなたの天星ナンバーをチェック!

RED　WHITE

赤（偶数年生まれ）		白（奇数年生まれ）
直感に導かれるままにアクティブに進みたい月。イベントには進んで参加を。マメに運動して心も体もスッキリさせると開運。	12 18	判断力が鈍るとき。目先の欲より、今ある信頼を大切にしましょう。迷ったら信頼できる人に相談することでトラブルを回避できるはず。
うまくいかないときほどこだわりを手放し、少しだけ感情の使い方を変えて。海外運もいいので、異文化に触れると◎。広い視野を育てて。	31 37	柔軟な姿勢がテーマの月。頑固な心はトラブルのもと。視野を広げて周囲の意見を受け入れることで、あなた自身も成長できるでしょう。

2024 5 May 八方塞がりになりやすい月

今月の開運メッセージ

自分らしくないと感じることを、あえて受け入れてみるとうまくいきそうです。もともと頑固なところがありますが、今月は譲ることを意識し、完璧でなくともベストを尽くすと吉。自分の希望通りに物事を進めようとすると、かえって空回りしたり周りを振り回すことになりかねません。謙虚な姿勢を崩さず、常に相手の考えを優先していれば、問題なく過ごせるでしょう。

今月の開運行動

1. 自分よりも人が喜ぶことをする
2. 相手の話にじっくり耳を傾ける
3. 前に出ずに裏方に回ってみる

あなたの
天星ナンバー
をチェック!

天星ナンバー別
今月のお言葉

RED　WHITE

赤（偶数年生まれ）

白（奇数年生まれ）

12・18

赤：運気は絶好調。あなたらしさを大切にすることで成功のチャンスをつかめます。幸運はひとり占めせず、周りに感謝を。自己投資もおすすめ。

白：交流運が高まる月。あなたに必要な情報や喜びも人を介してもたらされる暗示です。厳しいアドバイスにも聞く耳をもってみて。

31・37

赤：あなたの波長が変わるとき。しっくりこなくなってきたものは思い切って手放して。スマホのデータ整理や自宅を整えることが開運に。

白：奉仕の心が運気アップのカギ。周囲への感謝の気持ちを優先させると、マイナスな気持ちが消えます。体の不調を感じたらすぐに検査を。

2024 6 June リセットの月

今月の開運メッセージ

物も人も、入れ替わりがありそうな月です。身近な物が壊れたり失くなったりするかもしれません。あるいは、あなたのもとを去っていく人もいるでしょう。ここで執着してしまうと、運気の流れに逆らうことに。潔く手放すことで、突然うれしい知らせが届くなど、いい変化が表れ始めるはず。きちんとお別れした後は、これからの出会いに期待を。

今月の開運行動

1. 口だけではなく本気で「学び」を強化してみる
2. いつもとは違う方向から物事を見てみる
3. 自分が何をしたいのか明確にする

天星ナンバー別 今月のお言葉

あなたの天星ナンバーをチェック!

RED

WHITE

赤（偶数年生まれ）

白（奇数年生まれ）

12・18

赤：小さな幸せを見逃さず何事も楽しんでみて。日が経つにつれて運気は低迷しやすいので、欲望に負けて突っ走らないように。浮気心に注意。

白：あなたに注目が集まるとき。期待以上の好運が舞い込みますが、独り占めせず周りに感謝を。高級なお店に行くなどプチ贅沢で自信もアップ。

31・37

赤：初心に戻れる月。子どものような気持ちで、なんでもトライしてみましょう。環境の変化も今のあなたに必要なもの。前向きに受け止めて。

白：本当に大切なものが見えてくる月です。取捨選択は感情に任せず、冷静に。今のあなたの波長に合わないものとは縁が切れることも。

2024 7 July 新スタートの月

今月の開運メッセージ

これまでの失敗から学び、気持ちを新たに踏み出しましょう。今月は未来に目を向けることが開運のカギ。恐れず、勇気を出して前進しましょう。悩むなら、身近な人たちに相談するといいヒントを見つけられそう。いろいろな人の話を聞きながら、自分のこれからをじっくり考えてみるのがよさそうです。目標は高めに設定して。ファッションの変化も◎。

今月の開運行動

1. いつもより早起きをしてみる
2. 健康を意識した習慣を3つ始める
3. 髪型を変えたりイメチェンをしてみる

天星ナンバー別
今月のお言葉

あなたの
天星ナンバー
をチェック!

RED WHITE

赤
（偶数年生まれ）

12 18

流れが変わる月。うまく流れにのるには、視野を広げ、頭を柔らかくすること。太りやすくなる運気なので、適度に運動し暴飲暴食は避けて。

31 37

生活を見直すタイミング。早寝早起きに切り替えるなど、よい習慣を取り入れることが好運を呼び込みます。人との交流もあなたの刺激に。

白
（奇数年生まれ）

12 18

穏やかな日々が続き、ほっと一息つけそう。今までの疲れから後半はペースダウンするので、無理せず心身を労りましょう。

31 37

あなたのエネルギーが戻ってくる月。やりたいことが出てきたら踏み出してみて。環境の変化もありますが、新たな目標を見つけると開運に。

2024 8 *August* 物事を見直す月

今月の開運メッセージ

少し休憩してみて。あなたは頑張りすぎているかもしれません。自分の時間を大切に。無理をすると体調を崩したり、落ち込みやすくなってしまう場合も。ストレスをこまめに発散することも重要です。立ち止まることにもどかしさを感じるかもしれませんが、いまは来月から活躍するための準備期間。進もうとしている道に間違いがないか、確認するといいでしょう。

今月の開運行動

1. サプリメントを意識的に摂ってみる
2. 軽い運動やストレッチを習慣にする
3. 人と自分を比べずにマイペースを保つ

天星ナンバー別
今月のお言葉

あなたの
天星ナンバー
をチェック！

RED　WHITE

赤
（偶数年生まれ）

白
（奇数年生まれ）

12・18

赤：心身を整える準備の時期。無理に新しいことにチャレンジせず、趣味や勉強を継続してみて。ケガやトラブルに要注意。

白：度量が試されるとき。うまくいかないときほど、こだわりを捨ててみて。物事のプラスの面を見つけてみると、世界が広がるでしょう。

31・37

赤：大切なものや、やりたいことを明確に伝えることが今月のテーマ。自分に向き合い、意思表示することでよい変化が。良質な睡眠で判断力アップ。

白：蒔いた種を育てる時期です。挑戦中のことがあるなら、一度見直し、やり方を変えてみるのもよさそう。諦めず、ゆっくりでも前進！

2024 9 September

決断する月

今月の開運メッセージ

美容・健康に力を入れたい月。口コミサイトなどから情報収集をして、気になった健康法はさっそく取り入れてみて。最新のアイテムを試してみるのもいいでしょう。フェイスパックやマッサージで、いつもより念入りにスキンケアをするのもおすすめ。肌がキレイになれば、自信もつくはずです。心と体の変化を観察しながら、自分磨きを楽しみましょう。

今月の開運行動

1. 日々なんでも
コツコツと努力する

2. 難しく考えず
シンプルに捉える

3. 新しい目標を立てて
書き出してみる

天星ナンバー別
今月のお言葉

あなたの
天星ナンバー
をチェック!

RED　WHITE

赤（偶数年生まれ）		白（奇数年生まれ）
運気が切り替わる月。今のあなたの波長に合わなくなったものは、ここで手放すのが正解です。家族や大切な人に愛情を示すと、よい結果に。	12 18	じっくり煮詰める準備の時期。自分より周囲を優先するイメージで過ごしましょう。冷えを感じやすいので、温かい食べ物を選んで。
自分に優しくがテーマの月。人に気を遣いすぎるより、あなたにとっての幸せを第一に考えてみて。ストレスはおしゃべりやお散歩で解消。	31 37	切り替えに吉月。自分の軸を定め、ぶれずに目標や計画を立てておくと夢に近づけます。日常の買い物でも自分が惹かれるものを選ぶと◎。

2024 10 October メンテナンスの月

今月の開運メッセージ

癒しを大切にしたい時期。疲れやストレスをためないよう気をつけましょう。考えすぎたり、ネガティブになってきたら疲れのサイン。何よりも自分を大切にして。キレイな景色を眺めたり、湯船にゆっくり浸かったりして癒しの時間を作りましょう。また今月は気が散りやすくなりそうです。あらかじめ時間を決めて取り組むと、目の前のことに集中しやすくなるでしょう。

今月の開運行動

1. オン・オフのスイッチの切りかえを心がける
2. 力を抜いて楽に過ごしてみる
3. 頑張りすぎずできることだけを確実にする

天星ナンバー別 今月のお言葉

あなたの天星ナンバーをチェック!

RED　WHITE

赤
（偶数年生まれ）

12 18

運気は緩やかに上昇しています。活力がみなぎるため、新たなことにも積極的にチャレンジできそうです。失敗を恐れないで。

31 37

あなたのパワーが満ちる月。勝ち負けにこだわらず、純粋な気持ちで取り組むと夢の実現に近づきそう。謙虚でいるほど、運が上昇気流に。

白
（奇数年生まれ）

12 18

悪い習慣や悪縁を断ち切るチャンス。別れの予感もありますが、身軽になるほど新しい縁が入ってくるので未来を信じて進みましょう。

31 37

お散歩やおしゃべりが必要なとき。ストレスが溜まりやすくなるので、こまめに解消を。好きなものに触れることでパワーチャージしよう。

2024 11 November
努力が報われる月

今月の開運メッセージ

力を発揮できる月。あなたのおかげで問題が解決し、周りから感謝されることがありそうです。苦手だと思っていたことも、やってみたら意外とうまくいく場合も。今月のあなたは天から光を受けるので、どんどん活躍するといいでしょう。特に人を喜ばせる行いは、運気アップにつながります。明るい色のものを身につけると、よりエネルギッシュになれそう。

今月の開運行動

1. しっかり計画を立ててから行動する
2. 一息つく時間をきちんととる
3. 食事を大事にして好きなものをゆっくり味わう

天星ナンバー別
今月のお言葉

あなたの
天星ナンバー
をチェック!

RED

WHITE

赤
（偶数年生まれ）

白
（奇数年生まれ）

12 18

赤：蒔いた種を育てるとき。「努力の継続」が未来をひらくカギになるので、今はうまくいかなくても諦めないで。出会いの縁も大切に。

白：運気はゆっくりと上昇中。「失敗は成功のもと」と考えて、今までためらっていた新しいことに挑戦してみて。引っ越しするのもおすすめ。

31 37

赤：あれこれ目移りするのは一時的な気持ち。本当に大切なものを見失わないで。信頼できる人に相談し、落ち着いて行動すれば、いい流れに。

白：天からのエネルギーを感じられる月。思い通りに進むときなので、苦手なことも楽しんで取り組んで。頑張った自分にはプチ贅沢なご褒美を。

2024 12 December 誘惑が多い月

今月の開運メッセージ

心が浮つきやすいとき。調子にのっていろいろなことに手を出すと、どれも中途半端になってしまうかも。今月は1つひとつやっていくことを心がけましょう。効率の悪いやり方を改善することも大切です。また今月はお誘いが多く、普段は目標に向かって一直線のあなたでも、フラフラと流されてしまう可能性があります。断るのも大事、気を引き締めておきましょう。

今月の開運行動

1. のどのケアをして体調管理をする
2. 急いで答えを出そうとせずのんびり取り組む
3. 答えが出たなら迷わず集中する

天星ナンバー別
今月のお言葉

あなたの
天星ナンバー
をチェック！

RED　WHITE

赤
（偶数年生まれ）

白
（奇数年生まれ）

12 18

赤：大きな決断を迫られたら、「自分には無理だ」と感じる方を選択してみて。夢や目標は高いほどあなたを成長させてくれます。

白：運気はゆっくり上昇中。結果を急ぐより、来年に向けてこれまでの見直しを着実に進めれば、新年にいいスタートダッシュを切れそうです。

31 37

赤：お世話になった人への恩返しを。特に親孝行は開運のカギ。感謝の気持ちを言葉や行動で示しましょう。ご先祖様の供養も忘れずに。

白：あれもこれもと欲が出やすいとき。特においしい話には気をつけて。大事なことは自分で判断せず、信頼できる人に相談するとトラブル回避。

SUNSET

2024年
日々の
開運メッセージ

Daily Fortune Message

先々を見通してみたり
その日がどんな日なのか調べてみたり
日々の過ごし方や考え方の
参考にしてみてくださいね。

運気キーワード

KEYWORD

《 吉凶日 》

天赦日

「天が赦す日」と書くように、神様がすべての罪を赦し、障害が取り除かれる日とされています。一粒万倍日より数が少ない大吉日。結納や婚姻届の提出など、結婚にまつわることを行うのによく、新しいことを始めるのにもいい日です。

一粒万倍日

「一粒の種子が万倍にもなって実る」という意味をもち、何かを始めるのにいい日とされています。財布の新調にも最適。ただし、人からお金やものを借りると、万倍に膨らみ凶となるため注意してください。

不成就日

要注意日。何事も成就しない、悪い結果を招いてしまう日とされています。結婚、開店、起業など、新しいことを始めるのは避けた方がいい日です。

『吉日と不成就日が重なる場合には、あまり新しい行動を起こさない方がベター。』

《 月の満ち欠け 》

● 新月

新しいスタートを切るのにいいとき。新しいものを買うのにもいい日とされています。

◐ 上弦

新月から満月へと満ちていくとき。判断力や決断力が高まっているときで、積極的な行動を起こすのに適した日とされています。

◑ 下弦

満月から新月へと欠けていくとき。物事をリセットしたり、デトックスしたり、感情のリセットなどにも向く日とされています。

● 満月

不要なものを手放すのにいい日とされています。

PHASES OF THE MOON

2023 11 November 努力が報われる月

毎日の運気をチェック!

DATE			
1 Wed.			ずっと願っていたことが叶って、うれし涙がポロリ。
2 Thu.			気持ちが浮つきそう。ミスをしないよう注意しよう。
3 Fri.			挫折した趣味を再開すると◎。今度こそ諦めないで。
4 Sat.			心に余裕が生まれる日。周りの人にも手を貸そう。
5 Sun.	◐		積み重ねてきたことが評価されそう。自分をほめて。
6 Mon.			急なトラブルで足止め。焦らずやれることに集中を。
7 Tue.			苦手なことを任されても不満は NG。冷静に進めて。
8 Wed.		不成就日	残念な結果に終わりそうなときこそ、前を向こう。
9 Thu.			いつもと違う場所に行くと、いいことがあるかも。
10 Fri.			似合う髪型や服装を研究すると、魅力が高まる予感。
11 Sat. 一の酉		一粒万倍日	言いにくいことも、今日ならうまく伝えられそう。
12 Sun.		一粒万倍日	理不尽な言いがかりは、我慢せず反論しても OK。
13 Mon.	●		新しいポジションに抜擢されたら、チャンス到来!
14 Tue.			頼まれ事を忘れそう。To Do リストを作ろう。
15 Wed.			曖昧な返事は運気ダウン。気持ちをハッキリ伝えて。

16 Thu.	不成就日	リサーチでよい商品を見つけられても、浪費は禁物。
17 Fri.		夜は外食を控え、家で凝った料理を作ってみよう。
18 Sat.		直感が冴える日。危ない橋だと感じたら渡らないで。
19 Sun.		勝手な想像からケンカに発展しそう。思い込みは×。
20 Mon. ◐		周りの意見に従ってみると、学べることがありそう。
21 Tue.		午前中はやる気がなくても午後からはペースアップ。
22 Wed.		尊敬する先輩をお手本にすると、成長できる予感。
23 Thu. 二の酉	一粒万倍日	自分の言葉で、周りのやる気スイッチが一気にオン。
24 Fri.	一粒万倍日 不成就日	小さな不調を見落としがち。体の変化に目を向けて。
25 Sat.		存在感がアップする日。細やかな気遣いを大切に。
26 Sun.		必ず叶えたいことがあるなら、よそ見せず全力投球!
27 Mon. ●		気になる人には真面目なところをアピールすると◎。
28 Tue.		セールで理想のアイテムに出合えても散財には注意。
29 Wed.		評価されたなら、協力してくれた人に恩返しをして。
30 Thu.		思うように進まなくても、焦らず落ち着いて対処を。

● 新月 ◐ 上弦 ● 満月 ◑ 下弦

2023 12 December 誘惑が多い月

毎日の運気をチェック!

DATE			
1	Fri.		1人の時間を作ることで、気持ちの整理がつきそう。
2	Sat.	不成就日	人を外見で判断するのはNG。内面をしっかり見て。
3	Sun.		知的で優しいイメージの服装で、第一印象アップ!
4	Mon.		年内に終わらせたいことをリストアップしてみよう。
5	Tue. ◐	一粒万倍日	大事な決断のときに優柔不断は禁物。勇気を出して。
6	Wed.	一粒万倍日	疲れを感じたなら、早めに帰宅して心身のケアを。
7	Thu.	一粒万倍日	見返りを求めずに行動すれば、共感を得られそう。
8	Fri.	一粒万倍日	今夜は思う存分好きなことをして、元気をチャージ。
9	Sat.		過去に縁があった人から連絡が。おいしい話は用心。
10	Sun.	不成就日	面倒でも後輩の用に付き合うといい関係を築けそう。
11	Mon.		休みの予定を立てるならリサーチと段取りを大切に。
12	Tue.		よかれと思って言ったことが、逆効果になるかも。
13	Wed. ●		信頼している人から疑われ、落ち込んでしまう予感。
14	Thu.		階段を踏み外したり転んだりしないように注意して。
15	Fri.		おいしいスイーツを発見したら、友達にシェア。

16 Sat.		いろんな人と話すと、役立つ知識を得られるはず。
17 Sun.	不成就日	食事マナーが悪いのは×。前もって勉強しておこう。
18 Mon.		暴飲暴食は避けて、胃に優しい食事を心がけること。
19 Tue.	一粒万倍日	気力も体力もみなぎる日。なんでも全力で行おう。
20 Wed.	一粒万倍日	八つ当たりはNG。自分の機嫌は自分でとること。
21 Thu.		大切な人との距離が縮まって、絆を再認識できそう。
22 Fri. 冬至		プレゼントするなら相手が面白がってくれるものを。
23 Sat.		体調不良なら栄養たっぷりのスープで温まろう。
24 Sun.		条件がいいからといって飛びつくと、失敗するかも。
25 Mon.	不成就日	ぼんやりしてしまいそう。やるべきことに集中して。
26 Tue.		部屋にあるいらない物を処分して、気分スッキリ!
27 Wed.		メモをしておくと無駄なくスムーズな買い物に。
28 Thu.		親しい人と食事をしよう。学びがありそう。
29 Fri.		今年1年を振り返りつつ、来年の抱負を考えてみて。
30 Sat.		きつい言葉はケンカのもと。柔らかい言葉遣いを。
31 Sun. 大晦日	一粒万倍日	大晦日は料理にこだわると、楽しく年を越せそう。

新月 上弦 満月 下弦

2024　1　January

毎日の運気をチェック!

再挑戦できる月

DATE			
1 Mon. 元日		天赦日 一粒万倍日	元日は自分のペースでのびのびと過ごせそう。
2 Tue.		不成就日	自分らしく動くために、1年の計画を考えよう。
3 Wed.			気になる場所にはすぐに行ってみると運気もアップ。
4 Thu.	◐		誰に対しても、自分の意見はしっかりと伝えて。
5 Fri.			冒険しない方がいい日。誘惑にはのらないように。
6 Sat.			1人の時間を大切にすると、新たな発見があるかも。
7 Sun. 七草			人と競うより、自分と向き合うことで成長できそう。
8 Mon.			直感に従って行動すると、充実した1日になるはず。
9 Tue.			今後に向けて準備するとき。新年会を企画しても◎。
10 Wed.		不成就日	言葉がきつくならないように気をつけて話そう。
11 Thu.	●		エステやマッサージに行って体のメンテナンスを。
12 Fri.			挨拶や前向きな声掛けを意識して過ごすと開運に。
13 Sat.		一粒万倍日	買い物は慎重に。自分の持ち物を見直して判断を。
14 Sun.			優先順位をしっかり決めてから効率よく動こう。
15 Mon.			気になった人には話しかけて。急接近できるかも。

16 Tue.	一粒万倍日 不成就日	いつも相談にのってくれる友達に感謝を伝えよう。
17 Wed.		メールを送るときは、丁寧な言葉遣いを心がけて。
18 Thu. ◐		失敗しても自分を責めすぎないように注意を。
19 Fri.		リセットのタイミング。いらないものを処分しよう。
20 Sat.		寒くても、引きこもらずに外出すると好運に。
21 Sun.		目上の人に相談すると問題が解決するかも。
22 Mon.		面倒でも今日が期日の仕事は先延ばしにしないで。
23 Tue.		メンタルが安定しない場合は、早めに帰宅しよう。
24 Wed.	不成就日	注目されても控えめな態度で自分らしく過ごして。
25 Thu.	一粒万倍日	調子にのらなければ自分に自信をもって OK。
26 Fri. ○		頭で考えてばかりいないで行動に移すことが重要。
27 Sat.		将来のために、今からお金のことを考えておこう。
28 Sun.	一粒万倍日	穏やかに過ごせそうな日。自分にご褒美をあげて。
29 Mon.		身近な人を疑いそうになっても今は静かに見守って。
30 Tue.		謙虚な姿勢を大切にし自分の気持ちに素直でいよう。
31 Wed.		今やるべきことに集中。優先順位を間違えないで。

● 新月 ◐ 上弦 ○ 満月 ◑ 下弦

毎日の運気をチェック!

2024 2 February
吉凶混ざり引きが強い月

DATE			
1	Thu.	不成就日	忙しい日が続いても、自分磨きも忘れずにいよう。
2	Fri.		信頼できる人からの紹介で、いい縁がつながる予感。
3 節分	Sat.		気が散りやすくなるかも。やるべきことに集中して。
4	Sun.		不調を感じそう。無理せず早めの回復を心がけよう。
5	Mon.		大切な人に、日頃の感謝をあらためて伝えると吉。
6	Tue.		体が冷えやすいとき。特に足もとは温かくして。
7	Wed.	一粒万倍日	過去の反省を活かして行動すれば、うまくいくはず。
8	Thu.		何かと注目が集まりやすい日。自信をもってOK。
9	Fri.	不成就日	寄り道をせずに帰宅して、夜はのんびり過ごそう。
10	Sat.		親しい相手でも、お金の貸し借りはやめておくこと。
11	Sun.		人に頼るよりも、自分の力で解決することが大事。
12	Mon.	一粒万倍日 不成就日	嫌な出来事があったら、笑い話に変えてしまおう。
13	Tue.		周囲の環境に変化があるかも。流れに身を任せよう。
14	Wed.		後輩に義理チョコを渡すのも◎。日頃の感謝を伝えて。
15	Thu.		直感に従って動くことで、運気の流れがよくなる日。

16 Fri.		ケンカしてしまったときこそ、思いやりを忘れずに。
17 Sat.		気の合う仲間と楽しく過ごしてエネルギーチャージ!
18 Sun.		お出かけする前に、忘れ物がないかしっかり確認を。
19 Mon.	一粒万倍日	懐かしい人に連絡すると、うれしい知らせがありそう。
20 Tue.	不成就日	プレゼントをもらうかも。丁寧なお礼を忘れずに。
21 Wed.		ストレッチや筋トレで体をメンテナンスすると◎。
22 Thu.		たとえ面倒でも、自分の仕事を人任せにしないこと。
23 Fri.		苦手なことにチャレンジ。今日なら克服できるかも。
24 Sat.	一粒万倍日	無駄遣いを減らすためにもお金の管理はしっかりと。
25 Sun.		笑顔で過ごし、集まりの場では盛り上げ役になろう。
26 Mon.		人と会うときは、手土産を用意すると好感度アップ。
27 Tue.		生活習慣を振り返り、よくないところは改善しよう。
28 Wed.	不成就日	肌の乾燥に要注意。念入りな保湿ケアを心がけて。
29 Thu.		新しく出た春服をチェック。前向きな気分に。

新月 上弦 満月 下弦

2024 3 March

振り返ってみる月

毎日の運気をチェック!

DATE			
1	Fri.		うっかり発言に注意。一度考えてから言葉にしよう。
2	Sat.	一粒万倍日	やり残していたことを再開すると、はかどる日。
3 ひな祭り	Sun.		人付き合いは第一印象が肝心。清潔感のある服装を。
4	Mon.		困ったときはお互いさま。助け合いの心を忘れずに。
5	Tue.		ふと孤独を感じたときは、大切な人を思い出して。
6	Wed.		別れの季節。寂しくても縁があればまた会えるはず。
7	Thu.	不成就日	壁にぶつかっても、乗り越えられると信じること。
8	Fri.		自分だけでなく、周りの人も楽しめるよう工夫して。
9	Sat.		桜の季節に向けて、お花見を企画するとGOOD。
10	Sun.	一粒万倍日	間違いに気づいたら、素直に謝ると好感度がアップ。
11	Mon.	不成就日	調子が出ない日。お気に入りの入浴剤でリラックス。
12	Tue.		年上の人に甘えよう。かわいがってもらえる予感。
13	Wed.		油断して遅刻するかも。時間と場所は忘れず確認を。
14	Thu.		真剣に思いを伝えれば、相手もわかってくれるはず。
15	Fri.	天赦日 一粒万倍日	朝晩のルーティンを守るとさらに充実した1日に!

16 Sat.		刺激より癒しを大切に。昔からの友人と過ごすと◎。
17 Sun.		部屋に花を飾ろう。穏やかな心で明日から頑張れそう。
18 Mon.		夢があるなら、叶えるために少しでも行動しよう。
19 Tue.	不成就日	無駄遣いに注意。買う前に本当に必要かよく考えて。
20 Wed.		忙しくても手抜きはNG。何事も丁寧に進めよう。
21 Thu.		To Do リストを作って、今から新生活の準備を。
22 Fri.	一粒万倍日	一度お願いしたら、相手を信頼して見守るのが正解。
23 Sat.		家族のありがたさを実感しそう。感謝を伝えよう。
24 Sun.		誰かをサプライズで喜ばせると、運気が上向きに。
25 Mon.		気が緩みがちな日。意識して背筋を伸ばしてみて。
26 Tue.		返事を待たせているなら、早めに答えを出すように。
27 Wed.	一粒万倍日 不成就日	最新のダイエット方法を試すと、効果があるかも。
28 Thu.		受け身でいるより自分から動く方が楽しくなるはず。
29 Fri.		メッセージを送る前に読み直すと、トラブル回避。
30 Sat.		つらいときにそばにいてくれる人を手放さないで。
31 Sun.		欠点は誰にでもあるもの。自分を責めすぎないこと。

新月 上弦 満月 下弦

2024 4 April 運気が低迷する月

DATE			
1	Mon.		苦手な人も、話してみるといいところがあるかも。
2	Tue.		やることが雑になったら、ひと休みが必要なとき。
3	Wed.	一粒万倍日	うれしい知らせが届いたら、ささやかなお祝いを。
4	Thu.	不成就日	強がりはほどほどに。ときには弱音を吐いてもOK。
5	Fri.		どんな道も自分らしく進めば、ゴールが見えるはず。
6	Sat.	一粒万倍日	年上の人のアドバイスは素直に聞くとよい結果に。
7	Sun.		知ったかぶりはしないこと。詳しい人に質問しよう。
8	Mon.		隙間時間を上手に活用。動画で勉強もいいかも。
9	Tue.	一粒万倍日 不成就日	無計画だと1日があっという間に終わってしまいそう。
10	Wed.		小さな誤解がケンカに発展するかも。よく確認を。
11	Thu.		責任感を問われそう。重要なものほど丁寧に扱おう。
12	Fri.		何をしてもうまくいかないなら流れに身を任せて。
13	Sat.		出会いの予感。いいなと思ってもゆっくり進めよう。
14	Sun.		自分磨きを始めてみよう。続けることで成果も大。
15	Mon.		刺激が欲しくても、危険な橋は渡らないように。

16 Tue.		ストレスを感じそう。動物の写真で癒されよう。
17 Wed.	不成就日	今日の買い物はいつもより慎重にするように注意。
18 Thu.	一粒万倍日	愚痴や不満よりも、ポジティブな発言をすると◎。
19 Fri.		人の意見に惑わされず、自分のやり方を続けよう。
20 Sat.		朝から活動的に動くと◎。1日をハッピーに過ごせそう。
21 Sun.	一粒万倍日	叶えたい目標ができたら、しっかり計画を練って。
22 Mon.		始めたことをやめたくなるかも。中途半端はNG。
23 Tue.		悔しいときこそ成長するチャンス。何度も挑戦して。
24 Wed.		静かに過ごすといい日。人混みはなるべく避けよう。
25 Thu.	不成就日	1人の時間を作り、自分の考えを整理するといいかも。
26 Fri.		1週間の疲れが出そう。夜はゆっくりバスタイムを。
27 Sat.		日中はアクティブに動けるので、早起きすると開運。
28 Sun.		気づかずにストレスを溜めていそう。上手に発散を。
29 Mon.		友達を失いたくないなら、自慢話は控えて。
30 Tue.	一粒万倍日	ワクワクすることが増え前向きな気分で過ごせそう。

新月 上弦 満月 下弦

毎日の運気をチェック!

2024 5 May 八方塞がりになりやすい月

DATE		
1 Wed.		人前に立つといい日。怖がらず緊張感を楽しんで。
2 Thu.		買い物しすぎてしまうかも。金額はきちんと確認しよう。
3 Fri.	一粒万倍日 不成就日	緑のある場所へ出かけるとリフレッシュできるはず。
4 Sat.		急に予定が変わっても、落ち着いた対応を心がけて。
5 Sun. 端午の節句		みんなで決めたことは受け入れて従うといい日。
6 Mon.		ライバルに先を越されるかも。負けじと頑張って!
7 Tue.		やる気が出なくても、午後からは気合いを入れよう。
8 Wed.		ときには冒険して、知らない世界に飛び込むと吉。
9 Thu.		お財布の紐がゆるみそう。節約を意識しよう。
10 Fri.		ストレッチで体をほぐして肩こりや腰痛の予防を。
11 Sat.	不成就日	よくも悪くも目立つ日。特に遅刻には気をつけて。
12 Sun.		気になる人とは、焦らずゆっくり関係を深めよう。
13 Mon.		意外な場所で意外な人と会う予感。ご縁を大切に。
14 Tue.		注目が集まっているかも。自信をもって行動を。
15 Wed.	一粒万倍日	普段話さない人との会話のなかに、今後のヒントが。

16 Thu.		一粒万倍日	量より質を重視すると、ベストな選択ができそう。
17 Fri.			朝一番に窓を開けゆっくり深呼吸をして1日を始めよう。
18 Sat.			今は寂しくても、去る者は追わない方がベター。
19 Sun.		不成就日	準備不足は失敗のもと。事前にリサーチしておこう。
20 Mon.			いいアイデアが浮かんだら、遠慮せずに伝えてみて。
21 Tue.			悩んだときは尊敬する先輩に相談すると解決しそう。
22 Wed.			お疲れモード。栄養バランスを意識した食事を。
23 Thu.	○		仲間と本音で話すことで、自分を取り戻せるはず。
24 Fri.			すぐに答えが出ないときは、持ち帰って後日決めて。
25 Sat.			苦手な人とも遊んでみると、意外と楽しめるかも。
26 Sun.			周りの人を積極的に楽しませるようにすると運気アップ！
27 Mon.		一粒万倍日 不成就日	話題についていけるよう、ニュース番組をチェック。
28 Tue.		一粒万倍日	遠くにいる人よりも、身近な人と向き合ってみよう。
29 Wed.			嫉妬心がメラメラ。前に進むエネルギーに変えて。
30 Thu.		天赦日	積極的に行動していれば、新しい道が開けるはず。
31 Fri.	◑		いつもと違う髪型や服装をすると、運気が上向きに。

● 新月 ◐ 上弦 ○ 満月 ◑ 下弦

2024 6 June リセットの月

毎日の運気をチェック!

DATE		
1 Sat.		バランスのいい食事で体の内側からキレイになろう。
2 Sun.		お金の管理方法を見直して。貯金ができるかも。
3 Mon.		体を冷やしてしまうかも。羽織るものを用意しよう。
4 Tue.	不成就日	幸せな報告を受けたら、一緒に喜んであげて。
5 Wed.		憂鬱なときほど遊び心を発揮して、周囲を笑顔に。
6 Thu. ●		久しぶりに幼なじみに連絡すると元気をもらえそう。
7 Fri.		衝動買いに要注意。本当に必要なものかよく考えて。
8 Sat.		人に頼ってばかりはNG。自分の力でやってみよう。
9 Sun.		カッコつけても無駄かも。自然体でいることが大切。
10 Mon.	一粒万倍日 不成就日	自分の財産になる勉強をしよう。読書もおすすめ。
11 Tue.	一粒万倍日	予想外の展開に驚いても、結果オーライになりそう。
12 Wed.		笑顔と愛嬌を意識して過ごすと、運が味方する日。
13 Thu.		日用品を買い替え、生活に変化を取り入れてみて。
14 Fri. ◐		溜まったストレスは、大声で歌うと発散できそう。
15 Sat.		意見がぶつかっても話し合うことで絆が深まる運気。

16 Sun.		順調な日。意外な人からハッピーな知らせが届くかも。
17 Mon.		強がらず、つらいときは素直につらいと言ってOK。
18 Tue.	不成就日	心身が不調かも。過去の経験から早めに対策を。
19 Wed.		1つのことに集中して取り組むことが、成功のカギ。
20 Thu.		心配事があるなら、今日中に解決しておくように。
21 Fri.		物事の表面だけを見ていると、判断を間違えるかも。
22 Sat.	一粒万倍日	大きな決断はもう少し待って。今は情報収集のとき。
23 Sun.	一粒万倍日	気持ちが吹っ切れる日。新しい一歩を踏み出そう。
24 Mon.		頑張った自分へのご褒美に、人気店のスイーツを。
25 Tue.		実力を発揮するとき。周囲の期待に応えるチャンス。
26 Wed.	不成就日	うまくいかないなら、明日からもう一踏ん張り。
27 Thu.		食べすぎには注意しよう。腹八分目を意識して。
28 Fri.		対人運がいい日。コミュニケーションを楽しもう。
29 Sat.		誘惑に負けそう。夜遊びに行くなら、ほどほどに。
30 Sun. 夏越の祓		夢中になれることがあるなら、とことん突き詰めて。

新月 上弦 満月 下弦

毎日の運気をチェック!

2024 7 July
新スタートの月

DATE			
1	Mon.		不測の事態に備えて、いくつかプランを用意しよう。
2	Tue.		みんなのまとめ役を買って出ると、活躍できそう。
3	Wed.		発言に注意が必要な日。丁寧な言葉遣いを心がけて。
4	Thu.	一粒万倍日 不成就日	ドタキャンされそう。空いた時間は有意義に使おう。
5	Fri.	一粒万倍日	嫌なことがあっても、うまく切り替えられるはず。
6	Sat. ●		恋人募集中の友達に、いい人を紹介してあげると◎。
7 七夕	Sun.		趣味も極めたらプロ級になれそう。上をめざして。
8	Mon.	一粒万倍日	迷ったら、冒険よりも、安心な道が今は正解かも。
9	Tue.		無理してきたツケが回ってきそう。夜は休息をとって。
10	Wed.		人気が集まる運気。引っぱりだこで忙しくなりそう。
11	Thu.	不成就日	無駄遣いしやすい日。買い物は控えた方が賢明。
12	Fri.		懐かしい人と再会すると、いい刺激をもらえるはず。
13	Sat.		気になる人と急接近の予感。チャンスを逃さないで。
14	Sun. ◐		スポーツで汗を流すと、運気の流れがよくなる日。
15	Mon.		悪い予感がしたら、立ち止まって様子を見るように。

16	Tue.		周囲に合わせると疲れるなら1人時間を楽しんで。
17	Wed.	一粒万倍日	多少の失敗は誰にでもあるもの。気にしないでOK。
18	Thu.		いつもと違うルートで帰ると、おもしろい発見が。
19	Fri.	不成就日	初めてのお店や人を訪ねるなら下調べはしっかりと。
20	Sat.	一粒万倍日	話の聞き役に回ると、感謝をされて運気もアップ。
21	Sun.		不機嫌になりやすい日。笑顔を心がけて過ごそう。
22	Mon.		子どもと接すると吉。純粋な心に癒されるはず。
23	Tue.		小さなミスが増えてしまいそう。確認を忘れずに。
24	Wed.		時間がかかっても自分が納得できる方法を選んで。
25	Thu.		ちょっと奮発した食事で贅沢をして自分をほめよう。
26	Fri.		遠くにいる友達に連絡すると、いいことがある予感。
27	Sat.	不成就日	家の中で後回しにしてきたことに、手をつけよう。
28	Sun.		面倒なことを頼まれても、引き受けた方がいいかも。
29	Mon.	天赦日 一粒万倍日	ハッピーな知らせが届く予感。喜びを分かち合おう。
30	Tue.		人脈を広げるといい日。集まりの場には顔を出して。
31	Wed.		新しいレシピに挑戦してみると、いい気分転換に。

新月　上弦　満月　下弦

毎日の運気をチェック!

2024 8 August 物事を見直す月

DATE			
1	Thu.	一粒万倍日	役立つ情報をキャッチできる日。友達にも教えてあげて。
2	Fri.		少しペースを落として、のんびり過ごすとよさそう。
3	Sat.		いい出会いが期待できるとき。積極的に行動して。
4	Sun.		ゴールまで遠く感じても、一歩一歩進んでいこう。
5	Mon.		困ったときはこれまで築いてきた人脈を頼ってみて。
6	Tue.	不成就日	大人っぽい服装で過ごすと、気が引き締まりそう。
7	Wed.		大切な用事は、今日のうちに済ませておいた方が吉。
8	Thu.		感情の浮き沈みが激しくなりそう。無理はしないで。
9	Fri.		電車やバスに乗り遅れるかも。出発時刻をよく確認。
10	Sat.		根ほり葉ほり聞いてくる人とは少し距離を置こう。
11	Sun.	一粒万倍日	思う存分趣味を楽しむといい日。運気も上向きに。
12	Mon.	天赦日	大切な人とお揃いの品を買うと、絆が深まりそう。
13	Tue.		誰かが聞き耳を立てているかも。陰口は控えること。
14	Wed.	不成就日	イライラすることがあっても、冷静さを失わないで。
15	Thu.		食事をするときは誰かと一緒に。情報交換のチャンス。

16 Fri.	一粒万倍日	サービス精神を発揮。周囲の人を楽しませてみよう。
17 Sat.		昔の写真を見返して。初心に返って穏やかな気持ちに。
18 Sun.		お金の計算が雑になるかも。損をしないよう確認を。
19 Mon.		朝、いつもより早起きして動いてみるとラッキーが。
20 Tue.		困難から逃げずに、立ち向かう勇気をもとう。
21 Wed.		大変な仕事を任されてしまいそう。頼られている証。
22 Thu.	不成就日	夜ふかしすると翌日に響きそう。お肌にもマイナス。
23 Fri.	一粒万倍日	気になる人を食事に誘うと、一気に進展する予感。
24 Sat.		言ったことが現実になるかも。ポジティブな発言を。
25 Sun.		たまには奮発して、おいしいものを食べに行こう！
26 Mon.		入浴後のセルフマッサージで心身ともにリラックス。
27 Tue.		高いところから景色を眺めれば、悩みがちっぽけに。
28 Wed.	一粒万倍日	大事なことを報告するなら、今日がいいタイミング。
29 Thu.		自分の意見をはっきり伝えると流れがよくなりそう。
30 Fri.	不成就日	思いを伝えるために、プレゼントを準備するのも手。
31 Sat.		いつも同じ人とばかりでなく、交友範囲を広げよう。

新月 上弦 満月 下弦

2024 9 September 決断する月

毎日の運気をチェック!

DATE		
1 Sun.		今日はSNSから離れてみると、気持ちもすっきりしそう。
2 Mon.		自分らしさを大切にして、人と比べるのはやめよう。
3 Tue.		投げやりな対応はイメージダウン。丁寧に接して。
4 Wed.	一粒万倍日 不成就日	どんな場面でも、品のいい振る舞いを心がけて。
5 Thu.		人にお願いするよりも、自分でやった方が早いかも。
6 Fri.		直感が働きそう。気になっていたことを進めよう。
7 Sat.		イライラしやすい日。太陽の光を浴びるようにして。
8 Sun.		絶好調の運気。ラッキーなことが次々と起きる予感。
9 Mon. 重陽の節句		細かなミスに気をつけよう。確認作業はしっかりと。
10 Tue.		思いを真剣に伝えれば、受け止めてもらえるはず。
11 Wed.		やりたいことが見つかったら、考えるより行動を。
12 Thu.	一粒万倍日 不成就日	最近会っていない友達に連絡を。前向きな気持ちに。
13 Fri.		電車の遅延や車の渋滞に遭いそう。早めに家を出て。
14 Sat.		いつもと違うテイストの服を着よう。魅力がアップ!
15 Sun.		行動する勇気が出ないときは、目上の人に相談を。

16 Mon.		お手本になる人を見つけ、近づく努力をしてみよう。
17 Tue. 中秋の名月	一粒万倍日	みんなで協力すれば、困難も乗り越えられるはず。
18 Wed. ○		いつも助けてくれる年上の人に、感謝を伝えると吉。
19 Thu.		そっとしておいてあげることも、優しさの１つ。
20 Fri.	不成就日	あちこちから声がかかり、忙しくなってしまうかも。
21 Sat.		電話ではなく、実際に会って話した方がいい流れに。
22 Sun.		感動的な映画を見て涙を流すと、心が浄化されそう。
23 Mon.		何かとうまくいく日。願っていたことが叶うかも！
24 Tue.	一粒万倍日	友達のありがたさを実感しそう。素直に伝えると◎。
25 Wed. ◑		周りの意見を参考に、香りを生活に取り入れてみて。
26 Thu.		予想外のことが起こりそう。臨機応変に対応を。
27 Fri.		ピンチに陥る前に、周囲に助けを求めること。
28 Sat.	不成就日	新しい服で出かけよう。新鮮な気持ちで好運に。
29 Sun.	一粒万倍日	継続は力なり。すぐに結果が出なくても続けてみて。
30 Mon.		噂話は鵜呑みにしないで。自分の目で確かめよう。

● 新月 ◐ 上弦 ○ 満月 ◑ 下弦

2024 10 October メンテナンスの月

毎日の運気をチェック!

DATE			
1 Tue.			ストレスでもやもや。甘いもので気分転換して。
2 Wed.			些細なことは気にせず積極的に行動するとGOOD。
3 Thu.	●	不成就日	空回りしやすい日。完璧を目指さない方がいいかも。
4 Fri.			ご褒美を用意しておくだけで、いつもより頑張れそう。
5 Sat.			運が味方してくれるとき。午前中からエンジン全開。
6 Sun.		一粒万倍日	無理せず自分のペースで過ごせば、穏やかな休日に。
7 Mon.			ネガティブな想像は×。ゆっくり3回深呼吸。
8 Tue.			挑戦する前から諦めないで。自分の力を信じよう。
9 Wed.		一粒万倍日	知らないことを恥ずかしがらず、正直に質問して。
10 Thu.			大役を任されそうな予感。多少荷が重くても挑戦を。
11 Fri.	◐	天赦日 不成就日	伝統的なものにふれる日にしよう。学びがあるかも。
12 Sat.		一粒万倍日	おしゃれな友達を参考に、センスを磨いてみよう。
13 Sun.			モテる人に嫉妬するくらいなら、自分磨きに励んで。
14 Mon.			見返りを求めないで行動すると、運気が上向きに。
15 Tue.			考えても答えが出ないなら、一旦保留にしておこう。

16 Wed.		1日の計画を立てないと、ダラダラ過ごすことに。
17 Thu. ○		話題のお店に行ってみると吉。みんなに報告して。
18 Fri.		仕事や勉強の道具を新調すると、やる気アップ！
19 Sat.	不成就日	イライラする出来事があっても八つ当たりはダメ。
20 Sun.		大きな喜びより、小さな幸せを見つけてみよう。
21 Mon.	一粒万倍日	不規則な生活が続いているなら今日は早めに就寝を。
22 Tue.		忙しくて余裕がなくなるかも。短時間でも休憩して。
23 Wed.		苦手意識は捨ててみて。徐々にコツをつかめるはず。
24 Thu. ◑	一粒万倍日	やりたいことがある場合は、早めに行動に移すと◎。
25 Fri.		生活習慣を改善すれば、心にも変化が生まれそう。
26 Sat.		フットワークを軽くすれば憧れの人に近づけるかも。
27 Sun.	不成就日	複雑な人間関係に悩んで振り回されないように。
28 Mon.		ダメだったことに再チャレンジ。今度は成功しそう。
29 Tue.		何かを始めるなら、結果が出やすいことがおすすめ。
30 Wed.		誰かに尽くしたら、そのぶん自分に返ってくる日。
31 Thu.		ライバルに差をつけられたら、仕切り直しのとき。

● 新月 ◐ 上弦 ○ 満月 ◑ 下弦

2024 11 November
努力が報われる月

毎日の運気をチェック!

DATE		
1 Fri. ●		二兎を追う者は一兎をも得ず。欲ばりすぎないように。
2 Sat.	一粒万倍日	八方美人で誤解されるかも。はっきりした態度を。
3 Sun.		新たなお店を開拓してみて。いい出会いがある予感。
4 Mon.	不成就日	年上の人と縁がある日。仲よくして今後につなげよう。
5 Tue. 一の酉	一粒万倍日	世話役を買って出ると、運気も人気も上昇するはず。
6 Wed.		人は人。振り回されず、自分のペースを大事に。
7 Thu.		運気の流れがいい日。ラッキーカラーを身につけて。
8 Fri.		大事なことを忘れそう。To Do リストを活用しよう。
9 Sat. ◐		縁のある人が集まると吉。仲間を誘って食事を。
10 Sun.		小さなサプライズで、2 人の仲が深まる運気。
11 Mon.		違う業界の人と会うと、エネルギーをもらえそう。
12 Tue.	不成就日	ガッカリする結果が出てしまうかも。原因を考えて。
13 Wed.		甘えてばかりいると、愛想をつかされてしまうかも。
14 Thu.		いまの状況を悲観せず、前向きに考えることが大切。
15 Fri.		新しい情報に戸惑うかも。詳しい人に聞いてみよう。

16	Sat.		一生懸命頑張る姿を、誰かが見てくれているはず。
17 二の酉	Sun.	一粒万倍日	あなたを応援してくれる人に、感謝を伝えて。
18	Mon.	一粒万倍日	大切な人に本音を打ち明ければ、肩の荷が下りそう。
19	Tue.		運が味方に。自分も周りも楽しめることを考えてみて。
20	Wed.	不成就日	ぼんやりしそう。食べこぼして服を汚さないように。
21	Thu.		過去の反省を活かせたのなら、成長できた証。
22	Fri.		相手に合わせたファッションを心がけると運気アップ。
23	Sat.		お世話になっている人たちに、贈り物をすると吉。
24	Sun.		上から目線にならないよう、優しい言葉を選んで。
25	Mon.		ダメなところを指摘されたら、素直に直す努力を。
26	Tue.		転職したくなっても、まだ動かない方がいいかも。
27	Wed.		好奇心を大切に、新しいことにもチャレンジを。
28	Thu.	不成就日	ムード満点な場所も、はしゃぎすぎると台無しに。
29 三の酉	Fri.	一粒万倍日	自分の希望をはっきり伝えると、イメージアップ。
30	Sat.	一粒万倍日	邪魔をされても、今日は怒らず大目に見よう。

新月　上弦　満月　下弦

2024 12 December
誘惑が多い月

毎日の運気をチェック!

DATE		
1 Sun.		やる気満々! 目標に向かって、全力を注げそう。
2 Mon.		出来心がトラブルに発展。誘惑にはのらないように。
3 Tue.		よそ見ばかりしていると、大切なことを見逃すかも。
4 Wed.		日常のふとしたときに、いいアイデアが浮かびそう。
5 Thu.	不成就日	注目が集まりそう。謙虚な気持ちで過ごして。
6 Fri.		ネガティブな発言に気をつけて。プラスに転換を!
7 Sat.		忘れ物や落とし物に注意。貴重品は大事に扱おう。
8 Sun.		家族といえども配慮は必要。思いやりを忘れないで。
9 Mon.		笑顔を心がけていると、自然といい人脈ができる日。
10 Tue.		年末年始の予定はそろそろ決めておいた方が安心。
11 Wed.		おしゃべりが盛り上がり、楽しい時間を過ごせそう。
12 Thu.		風邪に用心。うがい手洗いはしっかりして予防しよう。
13 Fri.	一粒万倍日 不成就日	おだてられてなんでも引き受けると、後が大変に。
14 Sat.	一粒万倍日	やると宣言したことは、最後までやり抜くこと。
15 Sun.		地道にコツコツ続ければ大きな成果につながるはず。

16	Mon.		ダメもとでアタックしてみて。うまくいく可能性大。
17	Tue.		出会いを求めているなら親しい人に言っておくと◎。
18	Wed.		細かな所作を見られているかも。行儀よくいよう。
19	Thu.		思い通りにいかなくても、ヤケを起こさないこと。
20	Fri.		整理整頓をしよう。不要なものが片づいてスッキリ。
21 冬至	Sat.	不成就日	予定を詰め込まず、やるべきことに集中しよう。
22	Sun.		終わったことを引きずらず、気持ちの切り替えを。
23	Mon.		来年の目標を立て、達成するための計画も練ろう。
24	Tue.		ないものねだりをせず、もっているものを活かして。
25	Wed.	一粒万倍日	食事会は盛り上げ役を。みんなを楽しませて人気者に。
26	Thu.	天赦日 一粒万倍日	多少出費がかさんでも、年末のイベントを楽しもう。
27	Fri.		1度や2度の失敗で諦めないで。来年はリベンジ！
28	Sat.		家族や仲間に感謝を込めて、小さな贈り物を選んで。
29	Sun.	不成就日	予想外の出来事が起きるかも。柔軟に対応しよう。
30	Mon.		バタバタしやすい日。早めの行動で切り抜けて。
31 大晦日	Tue.		1年を振り返り、いいことも悪いことも受け入れよう。

新月 上弦 満月 下弦

OTHER PROFILE

他の天星のプロフィール

天星は全部で12タイプ。
自分以外の天星についても知って、
人付き合いに役立ててくださいね。

Profile

載っていること

基本性格

各天星のトリセツ

2024年の開運のカギ

開運色・アイテム・スポット

2024年の開運相性

その星から見た基本の相性

MOON

柔らかな愛と
“繊細な光のエネルギー”をもつ

月グループ

バランス感覚と
“自然な光のエネルギー”をもつ

地球グループ

EARTH

秘めたパワーと
“情熱の光のエネルギー”をもつ

太陽グループ

SUN

満月

情にあふれたロマンチスト

基本性格

想像力が豊かで温かい心をもったロマンチストな反面、冷静で現実主義的に考える面ももち合わせているタイプ。周囲の人を気遣い、困っている人を放っておけない優しさがあるため、知らないうちに気疲れしてしまいがちです。安心してのんびりできる居場所を用意して、自分を癒すことも大切に。

満月のトリセツ

⬆好きなこと・喜ぶこと

- 温泉にゆったり浸かる
- サプライズ（する、される）
- 喜んでくれる人、素直な人
- 好きなだけ寝ること
- 趣味や遊びの共有
- 優しい言葉をかけられる

⬇嫌がること・ストレスになること

- 余裕がない状況
- 不安や心配を抱え込む
- 競争、戦い
- 無視や仲間はずれ
- 威圧的な態度
- 否定的な人、無神経な人

2024年の開運のカギ

やるといいこと	生活に運動や筋トレを取り入れる
気をつけるべきこと	オン・オフの切り替え、自律神経を整える

2024年の開運相性

恋愛運を上げる天星	仕事運をのばす天星	金運をのばす天星
満月 × 上弦の月	満月 × 満月	満月 × 夕焼け

基本の開運色
紫

2024年の開運色
ミントグリーン

2024年の開運アイテム
手帳型スマホケース

2024年の開運スポット
フラワーパーク

天星タイプ別 基本の相性

満月 × 満月	★★★★★	満月 × 大陸	★★★☆☆
満月 × 上弦の月	★★★★★	満月 × 海	★☆☆☆☆
満月 × 下弦の月	★★★★☆	満月 × 朝日	★★☆☆☆
満月 × 新月	★★★★☆	満月 × 真昼	★★★★☆
満月 × 空	★★★☆☆	満月 × 夕焼け	★★★★☆
満月 × 山脈	★★★☆☆	満月 × 深夜	★☆☆☆☆

上弦の月

無邪気で警戒心の強い癒し系

基本性格

美的感覚が鋭く、慎重そうに見えて直感型のタイプ。警戒心は強いですが根が純粋なので、いい人だなと感じるとすぐ信じてしまうことも。仲がいいと無意識のうちにわがままになりやすく、愛が感じられないと不安定になる一面も。自分を認めてくれ、安らぎをくれる人といることが開運につながります。

上弦の月のトリセツ

⬆好きなこと・喜ぶこと

- 好きな人と過ごすこと
- 優しく気遣われること
- お姫様、王子様扱い
- 安心できる場所や人
- すぐ返信、すぐ対応
- 親しい人との飲み

⬇嫌がること・ストレスになること

- 放置される、既読スルー
- 頑張りを評価されないこと
- 人と比べられること
- 突然のお誘い
- アウェイな場所
- 思い通りにいかない環境

2024年の開運のカギ

やるといいこと　好きなことに没頭する

気をつけるべきこと　胃の不調。休息をしっかりとる

2024年の開運相性

恋愛運を上げる天星	仕事運をのばす天星	金運をのばす天星
上弦の月 × **満月**	上弦の月 × **真昼**	上弦の月 × **空**

基本の開運色
白

2024年の開運色
トマトレッド

2024年の開運アイテム
パワーストーン

2024年の開運スポット
水がキレイな場所

天星タイプ別 基本の相性

組み合わせ	相性	組み合わせ	相性
上弦の月 × 満月	★★★★★	上弦の月 × 大陸	★★★☆☆
上弦の月 × 上弦の月	★★★★☆	上弦の月 × 海	★★★★☆
上弦の月 × 下弦の月	★☆☆☆☆	上弦の月 × 朝日	★★★★☆
上弦の月 × 新月	★★☆☆☆	上弦の月 × 真昼	★★★★☆
上弦の月 × 空	★★☆☆☆	上弦の月 × 夕焼け	★★★★☆
上弦の月 × 山脈	★★☆☆☆	上弦の月 × 深夜	★★☆☆☆

下弦の月

ノリで勝負な愛嬌の達人

基本性格

好奇心旺盛で大器晩成型の気質をもち、出世するタイプ。仲よくなると気さくで、興味があることであれば臨機応変に対応できるなど順応性は高め。ただし飽きっぽくて集中力のないところがあり、興味のない話は聞いている風。根は明るく少し抜けている天然タイプですが、そこが大きな魅力です。

下弦の月のトリセツ

⬆好きなこと・喜ぶこと

- 好きな人たちからの応援
- 家族にほめられること
- 可能性を広げてくれる人
- 無添加や体によいもの
- 一流に触れること
- 自分を尊重してくれる人

⬇嫌がること・ストレスになること

- 否定されること
- 間違いを正されること
- 忘れないでと強制される
- 孤独感
- 「好き」を共感されない
- 責任を問われること

2024年の開運のカギ

やるといいこと 責任をもって何事も最後までやり抜く

気をつけるべきこと キツイ口調や上辺だけの返事

2024年の開運相性

恋愛運 を 上げる天星
下弦の月 × **空**

仕事運 を のばす天星
下弦の月 × **大陸**

金運 を のばす天星
下弦の月 × **真昼**

基本の開運色
黄色

2024年の開運色
ピンクベージュ

2024年の開運アイテム
財布

2024年の開運スポット
神社仏閣

天星タイプ別 基本の相性

下弦の月 × 満月	★★☆☆☆	下弦の月 × 大陸	★★★★★
下弦の月 × 上弦の月	★★★★☆	下弦の月 × 海	★★★★☆
下弦の月 × 下弦の月	★★★☆☆	下弦の月 × 朝日	★☆☆☆☆
下弦の月 × 新月	★☆☆☆☆	下弦の月 × 真昼	★★★☆☆
下弦の月 × 空	★★★★☆	下弦の月 × 夕焼け	★★★★☆
下弦の月 × 山脈	★★★☆☆	下弦の月 × 深夜	★★★★★

★新月★

想像力が豊かな寂しがり星

基本性格

想像力が豊かでクリエイティブな発想に優れています。芸術的センスも抜群。本心を隠す傾向があり、警戒心が強い反面、本質は寂しがり屋です。心を許せる相手には本当の自分をさらけ出すことができます。自分の信念をもち、知識や能力を高めることに集中するといい方向にいくでしょう。

新月のトリセツ

⬆好きなこと・喜ぶこと

- マメな連絡、情報の共有
- 記念日を大切にすること
- 真剣な話し合い
- 気にかけてくれる人
- 好きなものを写真に収める
- 自分の考えに寄り添う人

⬇嫌がること・ストレスになること

- いい加減な態度
- 既読スルー
- 苦しみを分かち合えない
- 場を乱す人
- SOSを見過ごされる
- ひとりぼっちにされる

2024年の開運のカギ

やるといいこと 感動体験やワクワクすることをしてみる

気をつけるべきこと 自信をなくさない

2024年の開運相性

恋愛運を上げる天星	仕事運をのばす天星	金運をのばす天星
新月×深夜	新月×夕焼け	新月×朝日

基本の開運色
銀色

2024年の開運色
エメラルドグリーン

2024年の開運アイテム
ピンキーリング

2024年の開運スポット
星空がキレイな場所

天星タイプ別 基本の相性

新月×満月 ★★★★☆	新月×大陸 ★★★☆☆
新月×上弦の月 ★★★★☆	新月×海 ★★★★☆
新月×下弦の月 ★★☆☆☆	新月×朝日 ★★★★★
新月×新月 ★☆☆☆☆	新月×真昼 ★★★★☆
新月×空 ★★★★☆	新月×夕焼け ★☆☆☆☆
新月×山脈 ★★☆☆☆	新月×深夜 ★★★★☆

★空★

包容力豊かな頑張り屋さん

基本性格

面白そうなことが大好きで、寛大な心のもち主。面倒見がよく困っている人を放っておけず、つい張り切ってしまうタイプ。自分に自信がないため人と比べ落ち込むと愚痴が多めに。どこか抜けていてツメが甘い面がある一方、仕事と恋愛の両立も得意な頼れるマルチプレーヤー。見栄っ張りで身内に冷たくなる傾向も。

空のトリセツ

⬆好きなこと・喜ぶこと

- いきつけの場所に行く
- 手土産（もらう、あげる）
- 気の合う人と食事＆談笑
- 自慢できる環境
- 満足感がある買い物
- お茶の時間

⬇嫌がること・ストレスになること

- 注意されること
- プライドを傷つけられる
- 仕事を邪魔される
- 異性関係に口出しされる
- すぐに対応しない人
- 待たされること

2024年の開運のカギ

やるといいこと	食のバランスを大切にし、欲を制御
気をつけるべきこと	体の不調のサインを見過ごさない

2024年の開運相性

恋愛運を上げる天星	仕事運をのばす天星	金運をのばす天星
空×下弦の月	空×朝日	空×上弦の月

基本の開運色
水色

2024年の開運色
白

2024年の開運アイテム
キーケース

2024年の開運スポット
レトロな喫茶店

天星タイプ別 基本の相性

組み合わせ	相性	組み合わせ	相性
空×満月	★★★☆☆	空×大陸	★★☆☆☆
空×上弦の月	★★★★☆	空×海	★★★★☆
空×下弦の月	★★★★☆	空×朝日	★★☆☆☆
空×新月	★★☆☆☆	空×真昼	★★★★☆
空×空	★★★★★	空×夕焼け	★★☆☆☆
空×山脈	★★★★☆	空×深夜	★★★★★

山脈

平和主義なお茶目さん

基本性格

1つひとつ着実に自信をつけ、協調性を重んじる安定志向タイプ。興味をもてない人付き合いは面倒に思いがちですが、周りを和ませる愛嬌があり、実は幅広い交友関係を築ける社交性を隠しもっています。ドライなリアリストで論理的な面も。ほめられたり、認められることで大きく成長します。

山脈のトリセツ

⬆好きなこと・喜ぶこと

- 自然なほめまくり攻撃
- 自分の目標をクリア！
- 自分のペースで進行
- お得を感じること
- 趣味に没頭できること
- レアな物、価値がある物

⬇嫌がること・ストレスになること

- 面倒くさいこと
- 自分に無関係な話
- 効率が悪いこと
- タスクが終わらない状況
- 騒がしい場所や大きな音
- 非常識なこと

2024年の開運のカギ

やるといいこと	1人の時間やリフレッシュを大切に
気をつけるべきこと	自分にも人にも厳しくしない

2024年の開運相性

恋愛運を上げる天星	仕事運をのばす天星	金運をのばす天星
山脈×**海**	山脈×**山脈**	山脈×**大陸**

基本の開運色
緑

2024年の開運色
黄色

2024年の開運アイテム
トートバッグ

2024年の開運スポット
緑が多く静かな場所

天星タイプ別 基本の相性

山脈×満月 ★★★☆☆	山脈×大陸 ★★☆☆☆
山脈×上弦の月 ★★☆☆☆	山脈×海 ★★★☆☆
山脈×下弦の月 ★★★★★	山脈×朝日 ★★★★☆
山脈×新月 ★☆☆☆☆	山脈×真昼 ★☆☆☆☆
山脈×空 ★★★★☆	山脈×夕焼け ★★★☆☆
山脈×山脈 ★★★★☆	山脈×深夜 ★★★☆☆

大陸

冷静沈着な感性先取りタイプ

基本性格

才能豊かで独自のセンスのもち主。穏やかに見えて正義感が強く、決断が早く勝気なところも。情にもろく義理堅い面もあり、一旦やると決めたらやり抜く責任感の強い人です。実は慎重で小心者なので無意識のうちに自分を守ろうとしますが、親しい人の間では可愛いムードメーカーになるタイプです。

大陸のトリセツ

⬆好きなこと・喜ぶこと

- 憧れ、尊敬されること
- 成功すること
- すべて把握できる環境
- 自分が1番の状況
- 時間配分通りに進むこと
- ストレス解消の買い物

⬇嫌がること・ストレスになること

- バカにされること
- 口だけの人
- 手柄を奪われること
- 自分から折れること
- 弱い面を見破られること
- 服装やセンスへの口出し

2024年の開運のカギ

やるといいこと	“笑い”を大切にしてみる
気をつけるべきこと	すべて1人で抱え込まない

2024年の開運相性

恋愛運を上げる天星	仕事運をのばす天星	金運をのばす天星
大陸 × 夕焼け	大陸 × 下弦の月	大陸 × 山脈

基本の開運色
赤

2024年の開運色
シルバー

2024年の開運アイテム
ネイルハンドクリーム

2024年の開運スポット
湧き水がおいしい所

天星タイプ別 基本の相性

組み合わせ	相性	組み合わせ	相性
大陸 × 満月	★★★☆☆	大陸 × 大陸	★★★☆☆
大陸 × 上弦の月	★★★★☆	大陸 × 海	★★★★☆
大陸 × 下弦の月	★★★☆☆	大陸 × 朝日	★★★★★
大陸 × 新月	★★☆☆☆	大陸 × 真昼	★☆☆☆☆
大陸 × 空	★★★★☆	大陸 × 夕焼け	★★★★☆
大陸 × 山脈	★★☆☆☆	大陸 × 深夜	★★★☆☆

海

二面性を隠しもった完璧主義者

基本性格

広く穏やかな海のように優しい雰囲気をもつ反面、完璧主義で深い海のように底知れぬ野心を隠しもっているタイプ。奥深くには、自分を守る強力な保護があり、自分軸が強め。人を信用するまで時間がかかります。自分でも自覚できていない思い込みや思考の癖をもつ実は頑固な人。本音を語らず、少々ドライな一面もあります。

海のトリセツ

⬆好きなこと・喜ぶこと

- 特別扱いされること
- 若く見られほめられること
- 丁寧にお礼を言われる
- ツボを押さえたほめ言葉
- 理解してもらえること
- 秘密を共有した優位な状況

⬇嫌がること・ストレスになること

- 自分のルールを変えること
- 人前で怒られること
- 自分をさらけ出すこと
- 短所を指摘してくる人
- 土足で踏み込まれること
- 思い通りにならないこと

2024年の開運のカギ

やるといいこと　謙虚な気持ちで心からの感謝をする

気をつけるべきこと　自分の固定観念に捉われない

2024年の開運相性

恋愛運を上げる天星	仕事運をのばす天星	金運をのばす天星
海×真昼	海×深夜	海×朝日

基本の開運色
青

2024年の開運色
オレンジ

2024年の開運アイテム
ゴールドピアスイヤリング

2024年の開運スポット
動物がいる場所

天星タイプ別 基本の相性

海×満月 ★★☆☆☆	海×大陸 ★★★☆☆
海×上弦の月 ★☆☆☆☆	海×海 ★☆☆☆☆
海×下弦の月 ★★★☆☆	海×朝日 ★★★☆☆
海×新月 ★★☆☆☆	海×真昼 ★★★☆☆
海×空 ★★★★☆	海×夕焼け ★☆☆☆☆
海×山脈 ★★★★☆	海×深夜 ★★★★★

朝日

自由気ままな気分屋さん

基本性格

マイペースで冒険心旺盛、楽しいことが大好き。実は人見知りですが、趣味やノリが同じ人とはすぐに仲よくなれます。根は無邪気で、意外に単純。枠にはまらず自由に生きたいという願望も。飽きっぽいですが、気分がのれば驚くほどの行動力を発揮し、周りを驚かせることもあります。

朝日のトリセツ

⬆好きなこと・喜ぶこと

- 自由な自分の時間
- 好きなことをやれる環境
- 優位に立てる状況
- 尊敬されること
- ゲームや漫画タイム
- 趣味やノリが同じこと

⬇嫌がること・ストレスになること

- 強制されること
- ルールを無視する人
- 細かい指示や確認作業
- 自分の時間を邪魔する人
- 比べられたりバカにされる
- 逃げ場がないこと

2024年の開運のカギ

やるといいこと　スマホより目の前の相手を大切に

気をつけるべきこと　ケガ。損得勘定で物事を決めない

2024年の開運相性

恋愛運を上げる天星	仕事運をのばす天星	金運をのばす天星
朝日×山脈	朝日×空	朝日×新月

基本の開運色
蛍光色

2024年の開運色
ゴールド

2024年の開運アイテム
帽子

2024年の開運スポット
歴史を感じる場所

天星タイプ別 基本の相性

組み合わせ	相性
朝日×満月	★★☆☆☆
朝日×上弦の月	★★★★☆
朝日×下弦の月	★☆☆☆☆
朝日×新月	★★★★☆
朝日×空	★☆☆☆☆
朝日×山脈	★★★★☆
朝日×大陸	★★★★★
朝日×海	★★★☆☆
朝日×朝日	★★★★☆
朝日×真昼	★★★★☆
朝日×夕焼け	★★☆☆☆
朝日×深夜	★★☆☆☆

真昼

自由主義な行動派

基本性格

穏やかそうに見えますが、物事を先取りする直感やスピード感があり、考えるより先に行動する人。好き嫌いをハッキリと主張し、何事にも直球で短期決戦を好みます。いったん相手を信頼すると急激に距離を縮め、友達の輪をどんどん広げるなど、人との縁で自分を発展させられるタイプです。

真昼のトリセツ

⬆好きなこと・喜ぶこと

- 冒険や海外旅行
- 「さすが!」という言葉
- ベタなセリフ
- 自分に従ってくれる
- 高級品やブランド
- 努力する自分

⬇嫌がること・ストレスになること

- 自分のペースを崩される
- 待たされること
- 長期戦
- 優柔不断な人
- 細かく聞いてくる人
- 予定を把握されること

2024年の開運のカギ

やるといいこと	日常に運動を取り入れた健康な体づくり
気をつけるべきこと	感情的にならない。戦わない

2024年の開運相性

恋愛運を上げる天星	仕事運をのばす天星	金運をのばす天星
真昼×海	真昼×上弦の月	真昼×下弦の月

基本の開運色
橙色

2024年の開運色
茶色

2024年の開運アイテム
メガネ サングラス

2024年の開運スポット
鳥の鳴き声が聞こえる場所

天星タイプ別 基本の相性

真昼×満月 ★★☆☆☆	真昼×大陸 ★★☆☆☆
真昼×上弦の月 ★★★★☆	真昼×海 ★★★☆☆
真昼×下弦の月 ★★★☆☆	真昼×朝日 ★★★★☆
真昼×新月 ★★★☆☆	真昼×真昼 ★☆☆☆☆
真昼×空 ★★★★★	真昼×夕焼け ★★☆☆☆
真昼×山脈 ★★★★☆	真昼×深夜 ★★☆☆☆

深夜

束縛を嫌う個性豊かな変わり者

基本性格

独特の感性や個性をもち、不思議な雰囲気をまとっています。自分のペースや世界を大切にし、我が道を進むタイプで、本当に好きなことは納得いくまでレベルを上げる頑張り屋。意地っ張りな面もあり、なかなか本心を伝えることができませんが、理解してくれる相手には深い愛情を注ぎます。

深夜のトリセツ

⬆好きなこと・喜ぶこと

- 自分だけの時間と空間
- パワースポット巡りの旅
- 楽しい毎日を送ること
- 本能に従って生きること
- うまく立ててもらうこと
- 休息をとること

⬇嫌がること・ストレスになること

- 根掘り葉掘り聞かれること
- 無駄なこと
- 状況を説明すること
- 偉そうな態度や人
- 束縛されること
- やりたいことを阻まれる

2024年の開運のカギ

やるといいこと	やりたいことリストを作る
気をつけるべきこと	紛失注意。データはバックアップを

2024年の開運相性

恋愛運を上げる天星	仕事運をのばす天星	金運をのばす天星
深夜×新月	深夜×深夜	深夜×海

基本の開運色
茶色

2024年の開運色
緑

2024年の開運アイテム
ブレスレット

2024年の開運スポット
温泉地

天星タイプ別 基本の相性

深夜×満月	★★☆☆☆	深夜×大陸	★★★☆☆
深夜×上弦の月	★★★★☆	深夜×海	★★★☆☆
深夜×下弦の月	★★★★★	深夜×朝日	★★★★☆
深夜×新月	★★☆☆☆	深夜×真昼	★☆☆☆☆
深夜×空	★★★☆☆	深夜×夕焼け	★★★☆☆
深夜×山脈	★★★★☆	深夜×深夜	★★★☆☆

★★★天星別 特徴

誘惑に弱い天星ベスト3

★1位★ 空

誘惑したりされたり、流されやすく、ミーハー気質で、欲に負けやすい傾向あり。

★2位★ 大陸

情にもろく、押しにも弱め。基本的には好きな人としか一緒にいたくないタイプ。

★3位★ 上弦の月・山脈

錯覚が入りやすく騙されやすい上弦の月と、楽しくなるとワクワクが止められない山脈。

考えすぎてしまう天星ベスト3

★1位★ 満月

自分に自信がなく、実は気にしい。大丈夫かどうか些細な言動に敏感に反応し、スローダウン。

★2位★ 上弦の月

一度気になると、解決するまでモヤモヤ考え、こんがらがって、我慢しすぎて体調ダウン。

★3位★ 新月・真昼・深夜

妄想モードで心が弱りやすい新月。考える方向がズレやすい真昼。生きづらさを感じる深夜。

RANKING

ケチな天星ベスト3

★1位★ 山脈

節約家で貯金が趣味。人にはお金を使いたくないが、自分の欲しいものには投資。

★2位★ 深夜

合理性を考えて基本ワリカン。誰かのために使う概念はないが、自分に利があるなら惜しみなく使う。

★3位★ 夕焼け

お金には細かく現実的。損得勘定が敏感に働く。自分のためだと金銭感覚が疎くなりがち。

ランキング ★★★

人を信用しない天星ベスト3

★1位★
海
基本的に自分を守る。人は全員嘘つき、裏切ると過去の経験から決めつけていて、警戒している。

★2位★
新月
直感でピンとこなければ心を開かない。相手を警戒し、いろんな角度から探る。会話する時間次第。

★3位★
下弦の月・大陸
どちらも人は好き。上辺を合わせじっくり吟味する下弦の月。熱く語り価値観の一致で深まる大陸。

不安にさせてはいけない天星ベスト3

★1位★
新月
ネガティブスイッチあり。実はカマチョさんタイプ。何もかも嫌になると、殻に閉じこもる傾向が。

★2位★
夕焼け
強がっていても実は心配性。常に不安あり。空回りすると余裕がなくなり不満爆発。

★3位★
上弦の月・下弦の月
安心しないと落ち着かない上弦の月。不安から不満になりシャットダウンして逃げたくなる下弦の月。

見栄っ張りな天星ベスト3

★1位★
朝日
ついつい大人のふりをしてカッコつけがち。余裕がなくても後輩には自分のおかげだと演出。

★2位★
空
自分をよく見せるために無意識に取り繕ってしまい、持ち物や人脈でもちょっと自慢しがち。

★3位★
下弦の月・真昼
憧れられたい下弦の月、先取りしすぎな真昼、どちらも高級や一流といったステータスに弱め。

EPILOGUE

★ おわりに ★

最後まで読んでいただき、ありがとうございます。

今年、今月、今日
“今”がどんな流れ《リズム》なのかを描いた

―天星術第四ステージ―
『星ひとみの天星術2024』いかがでしたでしょうか。

天星、天星ナンバー、様々な性質
沢山の星と、光と影。

本書を通じて、今この瞬間を知る。

自分の知らない側面に気づいたならば
すべてはチャンスに変わります。

『運命は変えられる』
私はそう信じています。

今の自分はどんな流れにあるのか
今は何をするのがベストなのか。

「天星術」を知り、運気のリズムに乗れば、あなたが描いた未来に
たくさんの笑顔が舞い込んできます。

2024年という1年、そしてこの1日を、
どう過ごしていこうかと悩んだとき、
迷ったときに、そっと開き参考にしてみてください。

「天星術占い、それは人生の道しるべ」

影の時期でも大丈夫。
決して怖がらず、
間違えたっていいんです。
間違えたからこそ見える世界もある。

雨が降るなら傘を持って
雪が降るなら装備ができる
あなたの歩む道のり
どんな地図も描いてゆけます。

今年1年の
あなたの人生に訪れる“光と影”。
本書から読みとり、どう感じ、どう捉えるか。

どんな瞬間も、
たとえ今見える景色がどんな世界でも、
あなたが生きているこの1秒は
これからの人生で一度しか見られない景色となる。

EPILOGUE

運気は、世界は、刻々と変わっていきます。
限られた生命、限られた時間。

あなたは
誰と過ごしたいですか?
何をしたいですか?

できることならば、皆様一人ひとりにお会いしたい気持ちですが
私が今、皆様のためにできることは何か
できる限りのエネルギーを皆様に届けられるように

たくさんの方々に光が届くように願いを込め、
各天星、天星ナンバーごと、赤白と一人ひとりの皆様に、
さらに深く届くよう、
細かく書かせていただきました。

本書を通じて、少しでも皆様の
お手伝いができたのなら幸いです。

ゆっくり深呼吸し
心を落ち着かせて。

小さな光を感じられるように
今あるすべてに感謝を。

あなたは幸せになれる人。

2024年

もう一度自分を信じ
もう一度幸せの選択を。

「天星術」

いつも心のそばに。
今年もあなたのお守りに。

皆様が少しでも素晴らしい１年を送れるよう
お祈りいたします。

あなたは“大丈夫”

それではまたお会いしましょう。

2023年 10月吉日　星ひとみ

STAFF

編集協力
高橋尚子
［KWC］
安井桃子、杉本真理、長谷和希子、
阿部雅美、梶原知恵、西島 恵

アートディレクション
松浦周作
[mashroom design]

ブックデザイン
石澤 縁
[mashroom design]

イラスト
miya

企画協力
中込圭介
［Gオフィス］

Star Eyes

本書カレンダー記載の祝日・休日は2023年10月現在のものです。
法律の改正等により変更になる場合があります。

PROFILE

星ひとみ

（ほし・ひとみ）

占い師。巫女の血筋をもつ家系に生まれる。東洋占星術や統計学、心理学などをもとにしたオリジナル運勢鑑定法「天星術」の開祖である。生まれながらの力と経験による知識から導き出す鑑定は圧倒的な的中率で人気を集め、各界に多くのファンをもつ。著書に『星ひとみの天星術』（小社）、『星ひとみの天星術超図鑑』『運気を金にする　幸せ上手さん習慣GOLD』（ともに小学館）などがある。

星ひとみオフィシャルブログ「Star Eye's」

星ひとみInstagram

@hoshi_hitomi722

星ひとみ事務局Instagram

@hoshi_hitomi_staff

StarEyes×YAMASAN

星ひとみの天星術2024
夕焼け〈太陽グループ〉

2023年10月25日　第1刷発行

著者　星ひとみ
発行人　見城 徹
編集人　菊地朱雅子
編集者　有馬大樹　三宅花奈　茂木 梓

発行所　株式会社 幻冬舎
〒151-0051
東京都渋谷区千駄ヶ谷4-9-7
電話 03(5411)6211[編集]
03(5411)6222[営業]

公式HP https://www.gentosha.co.jp/

印刷・製本所　中央精版印刷株式会社

検印廃止

ISBN978-4-344-04182-0 C0095

この本に関するご意見・ご感想は、
下記アンケートフォームからお寄せください。
https://www.gentosha.co.jp/e/